中国历史文化名人画传系列

王勃画传

朱　虹
曹雯芹　／著

江西美术出版社
全国百佳图书出版单位
·南昌·

王勃

（650—676）

王勃（650—676），绛州龙门（今山西河津）人，与杨炯、卢照邻、骆宾王并称“初唐四杰”，为“初唐四杰”之首。他出生于书香世家，祖父王通是隋末的教育家、儒学家；父亲王福畤历任太常博士、雍州司户参军，交趾、六合县令等职。王勃自幼聪慧，才华早露，9岁时撰成专著——十大卷《〈汉书注〉指瑕》，后学习医术，曾为《黄帝八十一难经》作序。他16岁科考及第，授朝散郎，成为当时最年轻的命官，并入沛王府，成为皇子李贤的侍读。后因写《檄英王鸡》文，被唐高宗逐出长安。他任虢州参军时，又因私杀官奴被判死刑，所幸遇到大赦才死里逃生。他积极探索唐诗创作的崭新道路，突破初唐流行的“宫体诗”的束缚，把诗歌的题材、意境从宫廷、台阁的狭小范围中解放出来，逐渐走向广阔的社会人生，是初唐诗坛的代表人物。今存其诗80多首，赋和序、表、碑、颂等文90多篇。代表作有《滕王阁序》《送杜少府之任蜀州》等。

序

公元7世纪，在唐朝的版图上，江西，这块钟灵毓秀的土地隶属于江南西道。它远离唐朝的政治、经济、文化中心，却因土地的富饶、气候的温润、物产的丰富、人口的兴旺而成为唐朝的一块南方翡翠。

唐代，江西的政治、经济、文化中心在洪州（今南昌市），和名邑长安、洛阳、广州、扬州、成都、泉州相比，洪州并不出众。但它好比一位妙龄花旦，带着三分俏丽、三分婉约和四分活力，有着自己独特的色彩。

初唐的江西与洪州，似乎总缺点什么，好比醇厚的美酒，缺少随风招展的酒旗；如同空谷中的幽兰，缺少世人欣赏的目光。

滕王阁，此时尚未成为江西的文化地标，它的修建，源自唐高祖李渊那个顽劣骄奢的小儿子李元婴。李元婴无论到哪儿，都要为自己修一座华美瑰丽的楼阁。滕王阁是李元婴任洪州都督时修建的。李元婴用自己的王号为其命名，在阁里整日寻欢作乐，喝酒赏花、听曲画蝶。

李元婴走后，滕王阁渐渐无人问津，仿佛一颗沉入河底的珍珠，渐渐消逝于岁月的长河之中。

而一位叫王勃的年轻人，在李元婴离开江西22年之后，向江西走来，向洪州走来，向滕王阁走来。他一袭白衫，容貌俊美，玉树临风，手里拿着一支毛笔。他肩负着神圣的使命，他要赋予滕王阁不一样的内涵，不一样的气质，并且要让它在岁月的流转中永远熠熠生辉。最后，他做到了！在滕王阁盛宴之上，他仿佛神助，一气呵成，洋洋洒洒写下仅773个字的千古第一骈文《滕王阁序》。

从此，美酒有了精美的酒旗，空谷幽兰有了驻足观赏的路人。“物华天宝，龙光射牛斗之墟；人杰地灵，徐孺下陈蕃之榻。雄州雾列，俊采星驰。”江西的绝代芳华就此展现在世人面前。滕王阁也如同被点化了一般，一跃成为江西的文化地标。

《滕王阁序》之后，江西的发展便渐入佳境，在中华文明的大舞台上扮演越来越重要的角色。江西不仅成为中国重要的粮食产地和税赋来源，更培养了数不尽的优秀人才。

时至今日，《滕王阁序》仍然是江西文化的代表。因为这篇奇文，滕王阁在国人的心目中，已成了江西这片土地的地标性建筑。只要滕王阁在，文脉就在，先祖的庇佑就在，家园的福泽就在。江西风调雨顺、兴旺发达、文化昌盛，英才辈出；江西人在这片土地上繁衍生息，安居乐业。于是，滕王阁便有了在一千多年的时光里，屡次被毁，却又屡次重新屹立于赣江之滨的传奇。

据统计，滕王阁经唐、宋、元、明、清历代，屡废屡兴，先后修葺达29次之多。其中，唐代5次，宋代1次，元代2次，明代7次，清代13次，近代于1926年被北洋军阀所毁。1942年，建筑大师梁思成先生带着弟子，根据“天籁阁”旧藏宋宫廷画《滕王阁》，亲手绘制了8幅《重建滕王阁计划草图》。1989年，依据梁思成先生的设计图纸，第29次重建的滕王阁终于落成，成为江西近代文化史上的盛事。

年轻的王勃，仅凭一支笔，就给江西文化增添了一抹绚丽无比的色彩、一个永不谢幕的传说、一段回味无穷的传奇。仅凭这一点，如今的江西人，怎样为他树碑立传都不为过！

王勃的影响力不仅在中国。公元8世纪初，王勃的作品手抄本《王勃诗序》，包括那篇著名的《滕王阁序》被日本遣唐使小心翼翼地带回日本，进献给日本皇室。王勃的作品后来一直珍藏在日本正仓院中。

他的另一篇作品《祭白鹿山神文》现珍藏于东京国立博物馆，1931 年被指定为“日本国宝”。直到当代，依然有日本学者孜孜不倦地研究王勃作品。

王勃虽然只活了 26 年，但他短暂的人生并不平凡。他是神童、是天才，是皇子的侍读，也是被皇帝亲自下令逐出长安的失意文人，他还是一名犯人，有过在阴冷潮湿的大牢里等待着人头落地的经历。

让我们好奇的是，是怎样的因缘际会，让这位青年文人，带着如此复杂充沛的情感，以如此文冠天下的才华，写出这流光溢彩、跌宕起伏的千古奇文？

究竟是时代塑造了他，还是他开启并引领了一个时代？

他为什么能够被誉为“初唐四杰”之首？

为什么说他对唐诗的大爆发做出了开创性的贡献？

在他仅仅 26 年的人生岁月里，他究竟拥有多少骄傲、多少遗憾，多少惊心动魄、多少黯然神伤，多少高光时候、多少至暗时刻?

除了《滕王阁序》和那些脍炙人口的诗篇,他还为我们留下了哪些值得我们在茶余饭后细细品读、慢慢回味的作品?

这本书将为你一一解答,并将和你一道,穿越岁月的长河,来到初唐,感受那个属于诗人们的春天!

目录

01

诗歌之春

好雨知时节，当春乃发生。
随风潜入夜，润物细无声。——杜甫

在初唐来临之前，诗歌，这块人类文学艺术的瑰宝，已经在中华大地上孕育流转了一千多年。

从《诗经》开始，充满灵性与智慧的中国人，便懂得将自己的情与爱、悲与恨、热烈与孤独，高度凝练成文字的精灵，慰藉心灵，温暖生命。

一批批杰出诗人在历史长河中诞生。他们仿佛一束束光，照亮漫长沉闷甚至血腥的岁月，不经意间，成为中华文明精神内核中不可分割的一部分。

战国时期，屈原横空出世，成为中国第一位真正意义上的诗人。从此，诗人从沉寂的幕后走到光彩夺目的台前。

诗经·豳风图卷（局部）　南宋　马远

屈原图 近现代 傅抱石

汉代，辞赋盛极一时。司马相如、扬雄、班固、张衡等成为当时最负盛名的文学大家和美学大师。

同时，继《诗经》之后，汉乐府是古代民歌的又一次大汇集，五言叙事诗在此大放异彩。

魏晋之际，“三曹”“七子”彰显了一个时代的文学风骨，诗人们将强烈的忧患意识、苦闷情感与自我意识贯穿于诗中，诗逐渐成为个体精神的载体。

东晋陶渊明则以一己之力开创了中国文学史中的田园诗派，终成一代文学宗师。

进入南北朝，谢灵运、谢朓让中国山水诗一跃成为新的诗歌派别，开创了全新的诗歌审美。鲍照、

竹林七贤图　清　俞龄

颜延之则或诗或赋，雄姿豪迈，掀起中华诗坛一个小小的浪潮。沈约等人发现了诗歌声律的秘密，创立“四声八病”，让诗歌多了“声律”这一个维度，使“古体诗”走向了“新体诗”，为唐代“近体诗”的兴盛奠定了基础。

当南朝山水派诗人谢朓在狱中死去之后，整整一百年，中国诗坛变得阴冷沉寂，再也没有出现过一位一流的诗人。田园派、山水派发展低迷，而宫廷派诗歌开始大行其道，在数十年间成为新的诗歌潮流。

“宫体诗”的鼻祖是南梁的第二位皇帝萧纲。这类诗以宫廷生活为背景，讲述的是王公贵族奢靡无度的生活，追求的是辞藻精致、声律考究的诗风，毫无豪迈雄健、拙朴自然的气质。隋文帝评价这类诗“多淫丽”。

隋朝仅存在了短短 37 年。隋炀帝杨广虽然在历史上落得了一个“暴君”的名声，但他的诗却写得朗润舒展，完全不同于宫体诗的卑弱和靡丽。他常自诩隋朝的诗坛领袖，也确有文采，但遗憾的是，虽然他望见了“旧文学”的弊端，却无力打开“新

《历代帝王图》中的隋炀帝　唐　阎立本

文学”的大门。

时间终于来到了初唐（618—705）。一代雄主唐太宗李世民不仅想开创一个威震八方的泱泱大

神骏图 五代十国 佚名

国，更想在文学上建立一个欣欣向荣的新世界。“庶以尧舜之风，荡秦汉之弊；用咸英之曲，变烂漫之音……”他渴望去除那些靡靡之音，让端庄高雅的文学大放异彩。

为此，他还牵头建设文学馆，将 18 位文坛高手罗致入馆，如房玄龄、杜如晦、虞世南、许敬宗、苏世长、陆德明等，个个都是响当当的人物。

可是，无论皇帝、宰相、高官们怎么努力，诗

歌都无法脱离“宫体诗”的格调。在唐朝建立的最初 50 年，诗坛最具有代表性的诗歌风格便是宰相上官仪的“上官体”。他的诗，题材往往是“记一次盛大的早朝”“记一次愉快的出游”“记一次精致的宴会”……写来写去，依然脱离不了宫体诗的狭窄视角。

唐太宗改革科举制、破除贵族门阀制度、公正公平选拔人才等举措，为诗坛带来了意想不到的结果：天下才能之士纷至沓来，为唐诗在历史中写下辉煌的一页奠定了坚实的基础。

此时，唐诗的春天正式来临。

王勃，就这样，带着“新文学”的钥匙，兴冲冲地推开历史的新大门。

作为“初唐四杰”之首，他和其他出身平凡却又才华横溢的年轻人一道，奋力冲破“旧文学”的锁链，带领大家感受青春蓬勃、自强不息的年轻诗心。

他如同春日的惊雷，唤醒曾经辉煌，却陷入沉睡的中华民族优秀的诗歌基因。

他即将点燃“新文学”的熊熊火炬，照亮一条全新的诗歌创作道路，作答“诗歌向何处去”的时代命题。

02

春之骄子

相逢意气为君饮，系马高楼垂柳边。

——王维

王勃（650—676），是一个妥妥的“文三代”。他出生在山西龙门王家，一个以诗书传家的名门望族。祖父王通（584—618），是隋朝名噪一时的教育家、儒学家。王通学识渊博，又有点恃才傲物，自号“王孔子”，门人弟子达一千余人。初唐名臣房玄龄、杜如晦、魏徵、窦威、王珪等，都或多或少跟王通学习过。

叔祖王绩（585—644），字无功，自号东皋子。他曾三仕三隐，最后彻底回归田园家庭，是初唐最具典范意义的隐士诗人。他是中国历史上第一个写诗征婚的诗人，有诗《山中叙志》为证：物外知何事，山中无所有。风鸣静夜琴，月照芳春酒。直置百年内，谁论千载后。张奉娉贤妻，老莱藉嘉偶。孟光傥未嫁，梁鸿正须妇。

他也是唐朝第一个认真描写家庭婚姻生活的诗人。他在宫体诗大行其道的世道里反其道而行

王勃雕像

携琴赏月图轴　明　李仪

之，描写人间烟火、家长里短、诗酒生活。他的诗歌风格淡然质朴、意境悠远，比如这首代表作《解六合丞还》：我家沧海白云边，还将别业对林泉。不用功名喧一世，直取烟霞送百年。彭泽有田唯种黍，步兵从宦岂论钱？但愿朝朝长得醉，何辞夜夜瓮间眠。

他一生以陶渊明为宗，以一己之力开初唐隐逸诗的先河，在初唐诗坛上留下浓墨重彩的一笔。

王勃父亲王福畤（615—694）是王通的第三个儿子。王福畤是一个本本分分、踏踏实实的读书人，遵循的是儒学的传统，继承了博闻好学的家风，后入仕为官，曾任太常博士、雍州司户参军，交趾、六合县令等职。他育有 6 个儿子，分别是王勔、王勮、王勃、王助、王劼、王劭。在王福畤的悉心教导下，王家的兄弟们个个勤奋刻苦，才华出众，特别是王勔、王勮、王勃兄弟三人，因其文采灼灼，被誉为“王氏三珠树”。

王勃的出身在唐朝绝对算得上是高起点。他生于书香世家，长辈非常重视子女的教育；父亲又在朝廷任官，家境还算殷实。年幼的王勃好比一颗优秀的种子，落在了一片肥沃的土地上，他只需要拼命地汲取营养，茁壮成长。

除了出生在一个好家庭，王勃还幸运地生在了一个好时代。唐太宗在位 23 年，励精图治，君臣一心，对内文治天下、与民休养生息；对外开疆拓土，与各民族融洽相处，开创了安定团结、欣欣向荣的“贞观之治”，为大唐的盛世打下了坚实的基础。除此之外，唐太宗本人还是一位“文学发烧友”，不但热爱吟诗，而且酷爱书法。正是在他的推动和影响下，整个初唐，文风鼎盛，诗作盛行，读书人受到了全社会的广泛尊重。王勃，可谓生逢其时。

王勃没有辜负来自时代和家庭的馈赠。从幼年开始，他身上的天才光芒，就让他崭露头角。可以这样说，他是一位神童、一位天才、一位碾压同龄人的“神”一般的存在。

那年，王勃 5 岁。正值隆冬，一位远房叔叔来到他家做客。闲暇之余，叔侄二人玩起了猜谜的游戏。叔叔指着窗外吟道：“此花自古无人栽，每到隆冬它会开；无根无叶真奇怪，春风一吹回天外。”王勃听后，眼珠一转，摇着小脑瓜大声回应：“只

步辇图 唐 阎立本

织白布不纺纱，铺天盖地压庄稼；鸡在上面画竹叶，狗在上面印梅花。”说完之后，叔侄二人相视而笑。王勃观察的细致、思维的敏捷令人惊叹。

那年，母亲又给王勃生了一个弟弟，父亲王福畤为其取名为“王劼”。小小的王勃用稚嫩的嗓音问父亲：“为什么我们兄弟几个的名字里面都含‘力’的字啊？”王福畤有意考考他，就说：“你念了那么多书，能想明白为父的用意吗？”王勃沉思了一会儿，回答道：“君子劳心，小人劳力。父亲是希望我们做人要虚心，不能认为自己读了几本书就是

庭院童戏图 五代十国 周文矩

‘君子’，还希望我们不要为读书而读书，而是要明确读书是要为国家为社会效力，成为真正有用的人！”王福畤听了连连点头，他没有想到如此年幼的王勃，却能够明白这么深刻的道理。

那年，王勃9岁。他写出了自己人生当中的第一部专著——《〈汉书注〉指瑕》。《汉书》由东汉大史学家班固撰写。为了让其通俗易懂，唐代的史学大师颜师古专门为其写成《汉书注》。可以说，

《汉书注》是一本严肃的学术专著，创作者需要有极深厚的文学功底、极丰富的历史知识、极细致的注释功夫才能完成。为此，颜师古完成专著后，唐太宗还专门奖励了颜师古。

可“初生牛犊不怕虎”。小小的王勃熟读《汉书》，再拿着颜师古的《汉书注》一一对照，发现了不少纰漏和错误。在父亲的鼓励下，王勃完成了满满十大卷《〈汉书注〉指瑕》。不要说一个 9 岁的孩子，就是今天的一位历史学博士，都很难完成这个艰巨的任务。而王勃不但做到了，还做得十分出色。我们不禁要问，王勃，难道真是“学神”附体吗？

那年，王勃 12 岁。父亲希望王勃学习一点医术。学医不但可以懂得养生之道，强身健体，更可以用来侍奉长辈，以尽孝道。于是，王勃跟随父亲来到长安，拜京城名医曹元为师。跟着曹元，少年王勃一头扎进了医学的浩瀚海洋里，他潜心学习《黄帝内经素问》《黄帝八十一难经》等医学经典，还向曹元认真请教《周易》。

到 18 岁时，他已经能够为《黄帝八十一难经》

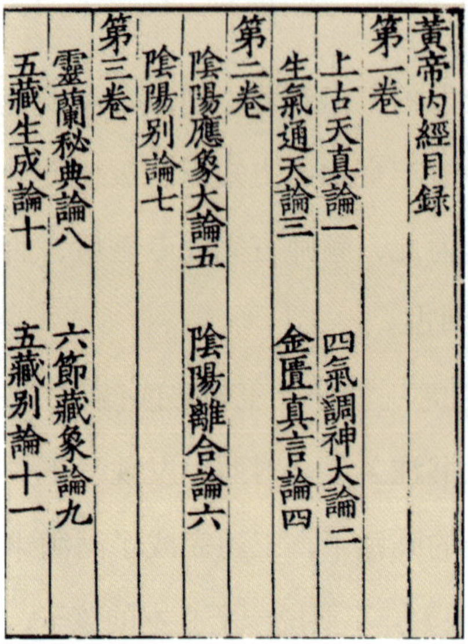
黃帝內經目録
第一卷
上古天真論一　四氣調神大論二
生氣通天論三　金匱真言論四
第二卷
陰陽應象大論五　陰陽離合論六
陰陽別論七
第三卷
靈蘭秘典論八　六節藏象論九
五藏生成論十　五藏別論十一

《黄帝内经（重广补注黄帝内经素问）》
唐　王冰注　北宋　林亿校正
四部丛刊景上海涵芬馆藏明翻北宋本

作序。可见在医学方面，他已小有所成。

中国有句老话：“三岁看大，七岁看老。”在少年的王勃身上，已经流露出很多特质：才思敏捷，学问渊博，勇于批判，不迷信权威，敢于创新创造。拥有这些特质，不管他想去做学问、做文章、作诗、做医者……都可以成为一代大家；但如果去从政，走仕途，则必然会磕磕绊绊。

命运既多情又无情，它给了王勃春风般的宠爱，却也给了他冰霜般的考验。王福畤乃至整个王家人在此时都对王勃寄予了很高的期望，因为，年少有为的他，就像春天里破土生长的幼苗，是那样欣欣向荣，生机勃勃。

03

春草初绿

驱烟寻涧户，卷雾出山楹。——王勃

公元 664 年，大唐帝国第三任皇帝唐高宗李治已经在位 15 年。公元 649 年，他从父亲唐太宗那里继承皇位，保留了父亲良好的政治传统，将国家治理得颇有贞观遗风。历史上称其统治之期为“永徽之治”。李治的一个突出的政绩是，他进一步发展了科举制度，为后来诗赋取士奠定了基础。“吟诗作赋”从此成为求取仕途的一块敲门砖，这让越来越多的年轻人投入诗赋创作之中。随着年轻人的加入，诗坛正在酝酿着一场巨大的变革。

那一年，王勃 14 岁，长得英姿挺拔，容貌俊美，全身上下洋溢着青春的朝气和锐气。对于当时诗坛上

职贡图 唐 阎立本

正在流行着的宫体诗，他有自己的鲜明主张。

他热爱诗歌，常常在诗歌的海洋里畅游。他读《诗经》《楚辞》，读司马相如、陶渊明，读“建安七子”“三曹”，读谢灵运，读谢朓。每一次读后，他都激动得不能入眠。他感觉，真正的诗，应该是从田野里长出来的，带着晶莹的露珠；应该是从内心深处迸发出来的，带着滚烫的情怀；应该是从江河里打捞出来的，带着新鲜的气息；应该如山泉那样甘甜，如天籁那般动听，如群山那样质朴，能够直抵你的内心，引发你强烈的情感共鸣。

可是，在宫体诗身上，他没有这样的感觉。宫体诗就像一位外表华丽却一字不识的权贵，空有精致的外表，缺乏实质的内涵。宫体诗更像一道茄鲞，耗费大量奢靡的配料，却让茄子丢掉了它原来的味道。

正在流行的，未必就是好的。

当王勃将眼光投射到宫体诗流行之前，他发现，祖辈曾经写下那么多纯正的诗，并通过一代代学者的努力得以流传，滋养着中华民族一代代年轻人的灵魂。

我们曾经拥有过，但现在却迷失了！王勃再也抑制不住内心的澎湃，他觉得，他有一种文化上的责任，

松泉诗思图　明　周臣

他要继承中华民族真正优秀的诗风，并使之传承下去。

14 岁的他，第一次向宫体诗投去了匕首。在一次与朋友的出游中，他毫不客气地指出：“‘上官体’这种诗虽然格律精致，用词考究，可是却柔媚无骨，矫揉造作，这样的诗风如果一直蔓延，实在是诗坛的不幸！”他的话掷地有声，令友人纷纷停下脚步，仔细打量这位才 14 岁的少年，问他：“那你认为，怎样的诗才算得上好诗呢？”

王勃沉吟片刻，答道：“自《诗经》以来，历朝历代的诗歌大家给我们留下数不清的好诗，楚辞汉赋、山水田园，那些好诗，读了之后都会让人唇齿留香，回味无穷，精神为之一振。而现在的宫体诗，还会给你那种感觉吗？我最近作了一首小诗，大家来鉴赏一下。”于是，王勃便高声吟诵了。

肃肃凉风生，加我林壑清。
驱烟寻涧户，卷雾出山楹。
去来固无迹，动息如有情。
日落山水静，为君起松声。

——唐 王勃《咏风》

坐看云起图　南宋　夏圭

这首诗完全来自王勃对于大自然细致入微的观察与体验。诗中的“风”既非香风暖风，也非雄风狂风，而是给人带来无限清新的凉爽之风，充满灵气，所到之处，烟雾消散，松声阵阵，令人心旷神怡。

此诗一出，友人们纷纷啧啧称赞，连声叫好。正是这次出游，王勃结识了另一位诗坛新星——“初唐四杰”之一的卢照邻。两人以诗结识，彼此欣赏，在诗歌方面经常切磋交流。

山庄图页　北宋　易元吉

王勃虽然初出茅庐，却在诗歌创作上走上了一条与宫体诗迥异的道路。他的诗创作在溪水旁、在桃园边、在山川前，风格清新淡雅，散发着质朴、天然的气质。比如这两首：

山中兰叶径，城外李桃园。

岂知人事静，不觉鸟声喧。

——唐 王勃《春庄》

物外山川近，晴初景霭新。

芳郊花柳遍，何处不宜春。

——唐 王勃《登城春望》

王勃不仅鲜明地对宫体诗表示了反对，更通过自身努力，积极探索出了一条新时代诗歌创作的道路。随着他的作品广为传播，他的名气越来越大，这个出身诗书世家、聪慧且有个性的年轻人受到了越来越多的关注！

在小小的王勃心中，还有一个大大的梦想，那就是像父亲一样，做学问，入仕途，建功业，从而

春郊回雁图页 南宋 马麟

一展人生抱负！他一方面积极备战科举考试，一方面密切关注官场动向，希望能通过贵人引荐，顺利敲开官场的大门。

唐朝科举与宋朝科举一个最大的不同，就是唐朝科举考试实行公开实名制，而宋朝科举考试是要匿名的。唐朝时，如果在考官评卷前，考生就小有名气或有人推荐，那就更容易考取功名。正因如此，唐朝拜谒成风，年轻人纷纷走出家门，四处游历，通过向达官显贵、高门大户递文章、投诗稿以获得关注，积攒名气。

在王勃 15 岁的时候，一个天大的机会出现在他面前。父亲的朋友到家中做客，无意中说起，当朝宰相刘祥道不久要巡视，路过山西龙门。

王勃心中窃喜，他正愁没有官场显贵为自己引路，如果能写出一篇好文章打动刘宰相，说不定自己就能从此平步青云。于是，他关门闭户一个多月，终成雄文《上刘右相书》。这篇文章有多厉害，单单看其中几段便可以见微知著：

故知阳侯息浪，长鲸卧横海之鳞；风伯停机，大鹏铩垂天之翼。及其投形巨壑，触丹浦而雷奔；假势灵飚，指青霄而电击。神气洋洋，谓鳞翮使之然也。

借如勃者，眇小之一书生耳，曾无击钟鼎食之荣，

西园雅集图（局部） 元 赵孟頫（传）

非有南邻北阁之援。山野悖其心迹，烟露养其神爽。未尝降身摧气，逡巡于列相之门；窃誉干时，匍匐于群公之室。所以慷慨于君侯者，有气存乎心耳。实以四海兄弟，齐远契于萧、韩；千载风云，托神知于管、鲍。不然，则荷裳桂楫，拂衣于东海之东；菌阁松楹，高枕于北山之北。焉复区区屑屑，践名利之门哉？

嵩衡不拒细壤，故能崇其峻；江海不让纤流，所以存其广。是以星台晓辟，上台忘吐握之劳；月

浪图 南宋 马兴祖

殿宵兴，中宇轸山林之慕。知夫御天下者，必待人也。

——唐 王勃《上刘右相书》（节录）

王勃的笔下，似有千军万马、风雷激荡之势，更有引经据典，旁征博引之妙，文章大开大合，纵横捭阖，主题突出，观点鲜明，不但有对国家内政国防外交方针的大胆议论，更有对举荐自己不卑不亢、自信满满的态度。刘祥道欣赏着这精彩华美、气势非凡的文章，当得知这是一位年仅 15 岁的少年所写时，不禁由衷地赞叹：“这真是一个神童啊！”

回到长安不久，刘祥道就向皇上举荐了王勃。一时之间，王勃声名鹊起，人人都知道山西龙门出了一位文采斐然、学识渊博的神童王勃。

王勃的仕途，就要开启了！

04

春光无限

春风得意马蹄疾，一日看尽长安花。——孟郊

从古至今，会写文章当“笔杆子”，是平民子弟攀登仕途最好的云梯。然而，并不是人人都能成为“笔杆子”，这需要天分的加持、勤奋的助力、耐力的支持，还需要一点好运气。

王勃虽然出生在书香世家，父亲是个小官，可在门阀贵族的眼里，他的家世只能算一般。现在不同了，他遇到了贵人——宰相刘祥道。在爱才惜才的刘宰相推荐下，王勃在仕途之路上急速前行。

王勃深深懂得能写文章、擅写文章是自己仕途上的最大优势。恰好此时，皇家工程——唐高宗下令建造的乾元殿竣工了。于是，他抓住机会，向唐高宗呈送了一篇洋洋洒洒的《乾元殿颂》。这篇文章构思严谨，用词简约明丽，风格绮丽雄浑。唐高宗看得喜笑颜开，龙颜大悦。当他得知这是未及弱冠的王勃所写时，赞叹道：“奇才啊奇才，真是我大唐的奇才！”就这样，王勃凭着一手锦绣文章，成了长安城一颗冉冉升起的新星。至此，人们开始将王勃与当时的文坛名家杨炯（650—693）、卢照邻（生卒年不详）、骆宾王（约 638—684）相提并论，将其并称为“初唐四杰”，王勃位列“初唐四杰”

之首。

从宰相的欣赏，到皇帝的赞美，最后成为长安城最耀眼的明星。王勃觉得这一切仿佛一场华丽的梦，有点不真实。马上就要科举考试了，他踌躇满志，希望自己在科举考试中大获全胜，他希望，他的名气还能再大些。于是，他又酝酿写了一篇宣示个人志向的文章《寒梧栖凤赋》："凤兮凤兮，来何所图？出应明主，言栖高梧"。文章中，王勃自诩为凤凰的化身。在古代传说中，凤凰是一种神鸟，为百鸟之王。"非梧桐不止，非练实不食，非醴泉不饮"，凤凰是美德的化身。凤凰的追求是什么呢？王勃在文章中也作了回答："将振耀其五色，似箫韶之九成。"

凤凰的形象在王勃的笔下灵动而饱满，它身份尊贵，品行高洁，志向远大，一飞冲天，这不就是王勃隐喻的自己的人生抱负吗？这篇文章被誉为初唐时期律赋的典范，为后世律赋提供了很好的参考。据说，王勃作此文时，"顷刻而成，文不加点"。王勃从小博览群书，拥有惊人的记忆力和提炼力，他行文用典几乎可以不假思索，落笔成文。

凤凰图轴　宋　佚名

春郊游骑图（局部） 唐 佚名

公元 666 年，年仅 16 岁的王勃轻轻松松考中了幽素科举，入选制举幽素科十三人之一，被任命为朝散郎，从七品上，成为大唐最年轻的命官。

不久，王勃又得到了一个好机会，入沛王府，担任侍读兼修撰一职。沛王李贤比王勃小 5 岁，此时刚刚年满 11 岁，他是唐高宗的第 6 个儿子，武则天的第 2 个儿子，相貌俊美、才思敏捷，深得李治的喜爱。

出道即巅峰。王勃的 16 岁，闪耀着瑰丽的梦幻色彩，他仿佛一块闪闪发光的宝石，价值连城。但他不知道，他一脚踏进了政治的旋涡；他不知道，这里是长安，不是老家龙门。你可以凭一篇文章扬名天下，但是你不可能凭一篇文章一帆风顺。政治的道路上，有太多叵测、太多暗礁、太多算计、太多嫉妒，而这些，哪是一个初出茅庐的年轻人能应付得了的。

当然，此刻王勃还感觉不到危机的存在。在沛王府，因为深受李贤的器重，他度过了一段锦衣玉食、无忧无虑的时光。春光正照耀在他的身上，多么温暖，多么明亮！

春天，他陪着沛王去郊外踏青。望着满园春色，沛王命他作诗一首，他顺口就吟出《郊园即事》：

烟霞春旦赏，松竹故年心。
断山疑画障，悬溜泻鸣琴。
草遍南亭合，花开北院深。
闲居饶酒赋，随兴欲抽簪。

——唐 王勃《郊园即事》

木末孤亭图 南宋 佚名

烟霞、松竹、断山、悬溜（瀑布）、南亭、北院，在王勃的眼中，春天是这般可爱，浑身上下散发着天然质朴的气息。沛王不禁高声叫好，他认为，王勃文章既能华丽，又能天然，既能雄浑，又能可爱，无论作赋作颂作诗，王勃都能信手拈来。

这日，王勃陪着沛王去临高台。王勃站上临高台，俯瞰着长安城——这个世界第一都市的锦绣繁华、车水马龙。这里是集权力、商业、文化于一体的中心，那高耸巍峨的宫殿，流光溢彩的街市，华灯初上的繁华，一一映入他的眼帘，触动了王勃万千的思绪。沛王此刻兴致高昂，命王勃作诗。王勃于是作《临高台》一首：

临高台，高台迢递绝浮埃。
瑶轩绮构何崔嵬，鸾歌凤吹清且哀。
俯瞰长安道，萋萋御沟草。
斜对甘泉路，苍苍茂陵树。
高台四望同，帝乡佳气郁葱葱。
紫阁丹楼纷照曜，璧房锦殿相玲珑。
东弥长乐观，西指未央宫。
赤城映朝日，绿树摇春风。
旗亭百隧开新市，甲第千甍分戚里。
朱轮翠盖不胜春，叠榭层楹相对起。
复有青楼大道中，绣户文窗雕绮栊。
锦衾夜不襞，罗帷昼未空。
歌屏朝掩翠，妆镜晚窥红。
为君安宝髻，蛾眉罢花丛。
尘间狭路黯将暮，云间月色明如素。

高阁凌空图　南宋　佚名

鸳鸯池上两两飞，凤凰楼下双双度。
物色正如此，佳期那不顾。
银鞍绣毂盛繁华，可怜今夜宿娼家。
娼家少妇不须颦，东园桃李片时春。
君看旧日高台处，柏梁铜雀生黄尘。

——唐 王勃《临高台》

王勃果然不同凡响，如果仅仅是极力渲染长安的繁华，那王勃的这首诗和一般的宫体诗又有什么区别呢？在诗的结尾处，王勃笔锋一转，对奢华生活进行批判和反思："君看旧日高台处，柏梁铜雀生黄尘。"

在诗中，他流露出了盛世不再、繁华易逝的哲学思考，他含蓄地希望沛王不要留恋这俗世的欢乐，不要沉迷于权力与物质的享受中，而是要抓住光阴、

蒋懋德九成宫图册图（局部）　清　冯宁

抓住机会，建立功业，留下千秋的美名。

王勃从来不曾将沛王府当作他抱负的施展之地。他认为，只有得到唐高宗的垂青，才能真正走进权力中心，施展自己的抱负。所以，在沛王府的日子里，他并没有沉湎于郊游宴饮、写诗作乐，而是时不时地抓住时机，向唐高宗进呈文章，以不断地引起唐高宗的关注。

公元668年二月，唐高宗驾临唐朝第一离宫——九成宫。王勃进呈《九成宫颂》和《上九成宫颂表》，对九成宫予以颂扬。

公元668年十二月，唐军攻占平壤，俘虏高丽王高藏。唐高宗为此在南郊祭天，王勃进呈《拜南郊颂并序》。

又一日，恰逢七夕，高宗带领群臣宴饮，王勃又进献《七夕赋》为高宗助兴，博取其欢心。

献给唐高宗的每一篇文章，王勃可以说都是用尽心力，篇篇都可以称为经典之作、上上之文，每次都能得到唐高宗的高度认可和表扬，并得到不少赏赐。可是，高宗始终没有下诏让他进入大明宫担任官职。

桃花源图（局部）　明　仇英

在沛王府期间，王勃新结识了许多朋友，其中便有同为“初唐四杰”之一的杨炯。王勃和杨炯同岁，两人一见如故，相互欣赏，经常相邀一同登山郊游。在《山亭兴序》中，王勃将赞美之词赠予了杨炯：“有弘农公者，日下无双，风流第一。仁崖智宇，照临明日月之辉；广度冲襟，磊落压乾坤之气。”“山人对兴，即是桃花之源；隐士相逢，不异菖蒲之涧。”

杨炯确非等闲之辈，他是唐代左光禄大夫杨初的曾孙，也同样是少年英才，11 岁就进了弘文馆。弘文馆是唐朝政治上的“黄埔军校”，从里面走出

颐和园八旗兵营图 清 佚名

不少唐朝盛世的功臣，如杜如晦、房玄龄、于志宁、陆德明、孔颖达、虞世南等。杨炯和王勃两人最大的共同之处就是，都旗帜鲜明地反对“宫体诗”，在诗歌创作上大胆探索，从而形成了自己的风格。杨炯有一首流传很广的诗，便是：

烽火照西京，心中自不平。牙璋辞凤阙，铁骑绕龙城。雪暗凋旗画，风多杂鼓声。宁为百夫长，胜作一书生。

——唐 杨炯《从军行》

全诗质朴雄浑，充满志气与抱负。可以说，正是王勃和杨炯这样的年轻人，用一首首雄健豪迈的新诗，向“宫体诗”宣战，才将“宫体诗”一步步埋入历史的尘埃。

王勃在此期间写得最好、流传最广的一首诗，也与其朋友相关。他结识了一位姓杜的朋友，两人意气相投。不久，杜某被任命为蜀州（今四川崇州）少府，相当于现在县一级的地方官。王勃召集友人为他饯行。杜少府从小生活在京城，这是第一次出远门，且是到千里之外的川蜀之地，又要和自己的好朋友分别，心中不免有些惆怅。

王勃的经历与他不同，他自幼就跟随父亲来长安拜师学医，又游历过不少名山大川，现在又客居在京城。他认为，好男儿志在四方，走上仕途就意味着以四海为家，以漂泊为伴。为了安慰友人，他即兴作诗一首：

金台送别图（局部） 明 戴进

城阙辅三秦，风烟望五津。

与君离别意，同是宦游人。

海内存知己，天涯若比邻。

无为在歧路，儿女共沾巾。

——唐 王勃《送杜少府之任蜀州》

诗，最难得的是意境和格调。过往的送别诗往往压抑沉闷，令人滋生不少离情别绪。而王勃在这首诗里却改酸楚为豪迈，变离愁为互勉，无处不彰显着他积极入世、乐观向上的人生态度。特别是“海内存知己，天涯若比邻”一句，大开大合，朗朗上口，听后让人精神为之一振，离别愁绪一扫而光。

春天不仅有温暖的阳光，艳丽的花朵，也有冰雹狂风、倾盆大雨、料峭春寒。还沉浸在一片春光中的王勃没有想到，和煦的阳光即将收场，刺骨的春寒即将降临。

命运的舵手正悄悄掉转航向，带他驶入一片凶险无比的海域。

05

春寒料峭

停杯投箸不能食，拔剑四顾心茫然。
——李白

才华啊才华，你究竟是命运给的福气，还是命运给的灾祸？

年仅 20 岁的王勃，才刚刚享受过权力给予的恩宠，便马上就要品尝权力带来的不幸。

这一切皆因斗鸡而起。斗鸡游戏历史悠久，起源于春秋战国时期，汉魏传之，到了唐朝则兴盛至极。上自宫廷贵族，下至平民百姓，都以斗鸡为乐。唐高祖时，斗鸡已成为寒食、清明时节的重要娱乐项目。沛王李贤虽贵为皇子，却也正值爱玩的年纪。英王李显比李贤小 1 岁，是唐高宗的第 7 个儿子、武则天的第 3 个儿子，也是一个斗鸡迷。

为了斗鸡，两兄弟常常不惜花费重金，从民间搜罗威武雄壮的公鸡，再让擅长驯鸡的男子对斗鸡加以训练，为的就是在斗鸡场上争个高低。他们每次斗鸡的场面都十分隆重，锣鼓喧天，彩旗招展，人头攒动。斗鸡场内，参赛的雄鸡威风凛凛，头上戴有漂亮的头饰，鸡爪上套着锋利无比的金属环，只见“峥嵘颠盛气，洗刷凝鲜彩”“飞毛遍绿野，洒血渍芳丛”，斗鸡的场面无比血腥，观赛的人们却个个兴奋。

明皇斗鸡图　南宋　李嵩

这次，沛王李贤搜罗到了一只斗鸡中的战斗鸡，这鸡长得红冠黑羽，尖嘴利爪，凶猛无比，据说自参加比赛以来，从无败绩。李贤于是决定向李显下战书，在斗鸡场上决一胜负。在此兴头上，李贤对王勃说："子安，你不如为我写一篇邀战的斗鸡檄文，为这场斗鸡赛造造声势！”王勃觉得参加这样的斗鸡活动着实有趣，便马上应承下来说：“殿下，您这次比赛必定大获全胜，放心，我保证写出声势，以壮声威！”

很快，一篇《檄英王鸡》新鲜出炉。沛王李贤看了之后啧啧称赞道：“不愧是大手笔，写得行云流水，气势震天！”谁料，正是这篇文章给王勃带来了弥天大祸。

不久，这篇《檄英王鸡》就被好事之徒呈给了唐高宗。唐高宗细细品读文章后，不由龙颜大怒。

“两雄不堪并立，一啄何敢自妄？”

“血战功成，快睹鹰鹯之逐。”

明人便面集锦册 明斗鸡（局部） 明 朱朗

“雌伏而败类者必杀，定当割以牛刀。”

…………

站立一旁的中书令郝处俊见唐高宗变了脸色，马上进谏，大意是说，现在两个皇子还年少，应该适时引导，让他们推美让功，和睦相处。虽然现在二人只是因为斗鸡而分为两派，怕只怕好事小人，从中挑拨离间，激起兄弟二人的争强逞能之心，从而影响了兄弟二人的感情啊！

这话，字字句句戳到了唐高宗李治的痛处。唐朝自开国以来，为争夺皇位，经常上演兄弟之间相互残杀的人间悲剧。唐太宗李世民在玄武门杀掉太子李建成和弟弟李元吉后登上皇位。唐高宗的两个哥哥李承乾和李泰，为争夺皇位大打出手，让唐太宗李世民万般伤心。为此，唐高宗在心里暗暗下了决心，绝不能让这样的悲剧再次上演。

于是李治发怒说：“歪才，歪才！二王斗鸡，王勃身为博士，不行谏诤，反作檄文，有意虚构，夸大事态，是交构之渐！”当即下诏，废除王勃官职，逐出沛王府。

当诏书下达给王勃时，王勃顿时大惊失色，浑身瘫软倒在了地上。他没有想到，仅仅因为一篇游戏之文，他就落得了一个“天子一怒，扫地出门”的下场。

王勃第一次见识到了权力的森严可怕。他太年轻了，不懂得“伴君如伴虎”的道理。他在享受权力带来的好处时，却忽略了其背后隐藏的危险，他应该小心谨慎，低调内敛，时刻保持如临深渊、如履薄冰的警惕，可惜，他一路走来太顺了，顺得让他忽略了危险，放松了警惕。

他无比悔恨，想那自古以来，恃才傲物、因言获罪的读书人可谓数不胜数。自己熟读历史，竟连这个道理都没参透！

“出去走走吧，整理整理心情！”朋友们劝他。

“去散散心吧，你还年轻！”父亲也劝他。

于是，不久之后，王勃的身影便出现在长安通往蜀地的古道上。

可以说，王勃的入蜀，是初唐诗坛一次非凡的开辟之旅。王勃无奈终结了自己的仕途，却无意中打开了一片诗歌创作的广阔天地。

他从此摆脱了宫廷的束缚，将在自然环境的激

泛舟图　南宋　马远

发下，追求更加自由、更具个性化和创造力的诗歌理想，让诗歌回归抒情言志的本质。

他将跟着自己的感觉走，顺着心灵的指引，借山水治愈，以诗歌疗伤，让灵魂歌唱！

06

春之彷徨

蜀道之难，难于上青天！——李白

在四川，王勃进入了诗歌创作的黄金期。

他“抵岷峨之绝径，超元溪，历翠阜”“采江山之俊势，观天下之奇作”，观“丹壑争流，青峰杂起”，赏“烟霞为朝夕之资，风月得林泉之助”。大自然的鬼斧神工、造化万千仿佛治愈心灵的良药，让年轻的王勃再也停不下自己的脚步，止不住自己文思的飞扬！

诗歌，不仅是王勃入仕的敲门砖，也是他曲折人生的避风港、心灵的避难所。谁说中国人没有信

江上青峰图 南宋 佚名

归樵山水图

南宋　虚舟普度

仰？中国人的信仰在自然中，在山水间，在平平仄仄、起起伏伏的诗行里。当你与大自然心灵相通，和山水默契相视、和诗行彼此心仪时，你就会获得平静、平和、自由的力量。

大自然，打开了王勃心灵的另一扇窗。这个时期，他创作了大大小小 47 首诗歌。

诗歌，也见证了他的心路历程。

刚离开长安，到达长安西边的始平（今陕西兴平县），他写下此诗：

观阙长安近，江山蜀路赊。

客行朝复夕，无处是乡家。

——唐 王勃《始平晚息》

一个人身在旅途，他品尝到了孤独与思念的滋味。

在艰辛且漫长的旅途中，他写“琴声销别恨，风景驻离欢。宁觉山川远，悠悠旅思难”（《羁游饯别》）；他写“江汉深无极，梁岷不可攀。山川云雾里，游子几时还”（《普安建阴题壁》）；他写“晚风清近壑，新月照澄湾。郊童樵唱返，津叟钓歌还”（《长柳》）；

他写“江送巴南水，山横塞北云。津亭秋月夜，谁见泣离群”（《江亭夜月送别二首》）。此时，诗已然成为他旅途中的挚友。无数辗转难眠的夜晚，夜静如水，孤身一人，油灯如豆，天荒地旷。王勃像一位父亲，创造出一首首诗，让这些诗拥有了崭新的生命。这些生命带着质朴刚健的气息，一出生，便如同一簇簇微光，照亮温暖了王勃的漫漫长夜。

在这些抒发羁旅之思的诗篇中,最著名的便是这首:

长江悲已滞，万里念将归。
况属高风晚，山山黄叶飞。

——唐 王勃《山中》

滔滔的长江水在他眼中是“悲”且“滞”的，秋风萧瑟，黄叶飘零，和他孤独的心境是如此贴切，那个意气风发的少年郎不见了，他仿佛变成了一位阅尽沧桑、满怀心事的中年人。

除了诗，让王勃觉得温暖的，还有朋友。在四川绵州（今四川绵阳），他遇到了同乡好友薛曜。薛曜，字升华，与王勃家是世交。薛曜同情王勃的遭遇，也

长亭送别图（局部） 明 萧云从

很钦慕他的才华。在绵州期间，薛曜陪着王勃同游山水，共叙情怀。临别前，薛曜为王勃举行了一场盛大的宴会，这让王勃既感动又伤感，他提笔为薛曜送上一首：

送送多穷路，遑遑独问津。
悲凉千里道，凄断百年身。
心事同漂泊，生涯共苦辛。

无论去与住，俱是梦中人。

——唐 王勃《别薛华》

“悲凉千里道，凄断百年身”，王勃此时的心境，仿佛老了20岁。几年前，他才刚刚写下“海内存知己，天涯若比邻”的豪迈诗句，而现在，他仿佛经历了太多的悲欢离合，无边的愁绪笼罩着他。

在四川，他还遇到了同为“初唐四杰”之一的卢照邻。卢照邻也是少年英才，10岁时写的文章就被大家争相传阅，然而他的一生却充满潦倒、悲苦与病痛。正是这样一位人生不幸却又才华横溢的诗人，写下了初唐时期最华美、最梦幻、最冶艳的诗篇——《长安古意》。

长安大道连狭斜，青牛白马七香车。玉辇纵横过主第，金鞭络绎向侯家。龙衔宝盖承朝日，凤吐流苏带晚霞。百尺游丝争绕树，一群娇鸟共啼花。

得成比目何辞死，愿作鸳鸯不羡仙。比目鸳鸯真可羡，双去双来君不见？

荷花鸳鸯图 清 沈铨

寂寂寥寥扬子居，年年岁岁一床书。独有南山桂花发，飞来飞去袭人裾。

——唐 卢照邻《长安古意》

王勃和卢照邻都听过彼此的大名，也都拜读过各自的诗作。卢照邻此时在益州新都（今四川成都新都区）的任期刚刚结束，正准备好好在蜀中游玩一番，于是两人相约见面。

重阳节这天，他们和友人邵令远同登玄武山，一路上切磋诗文，谈古论今，好不畅快。登至山顶，三人相约分别作诗一首。于是，邵令远作《九月九日登玄武山旅眺》："九月九日望遥空，秋水秋天生夕风。寒雁一向南飞远，游人几度菊花丛。"

卢照邻也以同一题作诗一首："九月九日眺山川，归心归望积风烟。他乡共酌金花酒，万里同悲鸿雁天。"

王勃见二人酬唱甚欢，便也和诗一首：

九月九日望乡台，他席他乡送客杯。
人今已厌南中苦，鸿雁那从北地来。

——唐 王勃《蜀中九日登玄武山旅眺》

尽管有朋友相伴，有山水作陪，王勃仍然心心念念想回到长安去，那个他梦想开始的地方。

正所谓“心映万物”。当你得意时，你会“春风得意马蹄疾，一日看尽长安花”，仿佛世界尽在你掌握之中；当你失意时，你不再心浮气躁，你安静下来了，你看到的，不再是芝兰玉树、锦绣繁华，你欣赏到了不一样的风景，观察到了不一样的事物。而那些与从前不同的事物和经历，深深地触动了王勃的内心。

在蜀期间，王勃先后作《江曲孤凫赋（并序）》《涧底寒松赋（并序）》《青苔赋》。

在《江曲孤凫赋（并序）》中，他写道：“灵凤翔兮千仞，大鹏飞兮六月。虽凭力而易举，终候时而难发。不如深泽之鸟焉，顺归潮而出没。迹已存于江汉，心非系于城阙。吮红藻，翻碧莲。刷雾露，栖云烟。迫之则隐，驯之则前。去就无失，浮沉自然。尔乃忘机绝虑，怀声弄影。乘骇浪而神惊，漾澄澜而趣静。”

他从前渴望成为灵凤、大鹏，希望像它们一样“好风凭借力，送我上青云”。而现在，他看到了孤凫，那看似孤独的禽鸟，却沐浴着层层雾露，栖息于渺渺云烟，自由自在，自得其乐，它活在自己的清净世界里，

沙渚凫雏图 北宋 崔白（传）

无拘无束，也无所羁绊，不悲不喜，是那样自然宁静。这不也是一种极好的生活状态吗？为什么一定要做灵凤和大鹏呢？

在《涧底寒松赋（并序）》中，他写道："已矣哉！盖用轻则资众，器宏则施寡。信栋梁之已成，非榱桷之相假。徒志远而心屈，遂才高而位下。斯在物而有焉，余何为而悲者？"

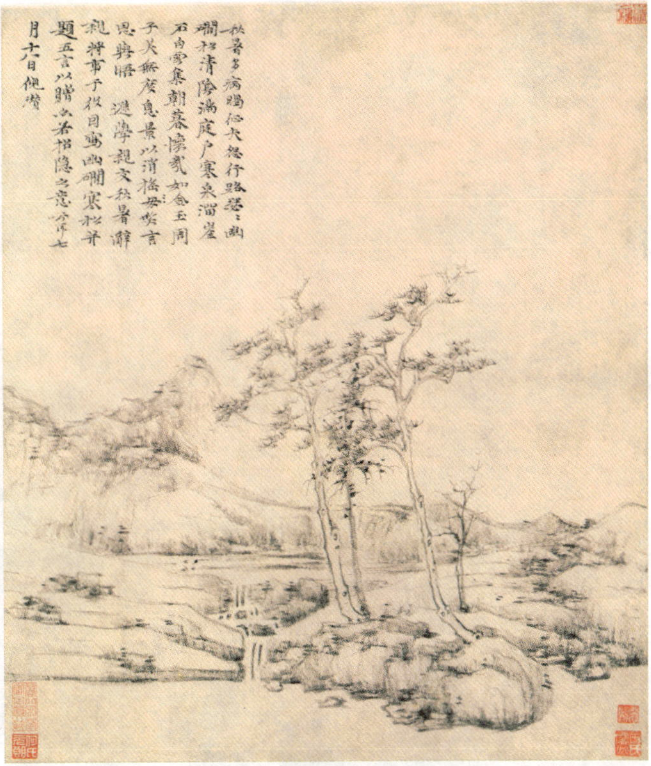

幽涧寒松图　元　倪瓒

他看到了涧底的寒松，感叹它生得如此超凡出众，却只落得个处境低下的命运。可是，寒松抱怨了吗？没有。它依然舒展着它的身姿，汲取着天地日月的精华，向上生长。在这个世上，小材易被任用，而大材却总难施展。虽有远大抱负却时运不济，虽然才华出众却位居底层。大自然不也是这样？我还有什么好悲伤难过的呢？

仕女图（局部）　五代十国　周文矩

在《青苔赋》中，他写道："宜其背阳就阴，违喧处静，不根不蒂，无华无影。耻桃李之暂芳，笑兰桂之非永。故顺时而不竞，每乘幽而自整。"

他注意到朴实无华的青苔，生存环境阴冷潮湿，几乎没有人注意到它的存在。可是，青苔执着坚韧，给大地带来绿色，为山野增添秀丽。青苔虽不似桃李兰桂那般醒目，却依然在大自然中恣意生长，享受着生命的乐趣。人应如青苔那样，无论生在何处，地位如何，都要保持一颗积极向上的心，这样内心才会充盈，才能活得顶天立地。千年后，清代诗人袁枚用一首小诗《苔》，表达了与王勃同样的心境："白日不到处，青春恰自来。苔花如米小，也学牡丹开。"

在蜀期间，王勃还写过一篇乐府诗《秋夜长》。此诗以一位思念丈夫的闺妇的口吻展开。全诗细腻婉约，感情真挚，读来至今让人唇齿留香：

秋夜长，殊未央，月明白露澄清光，层城绮阁遥相望。

遥相望，川无梁，北风受节南雁翔，崇兰委质时菊芳。

鸣环曳履出长廊，为君秋夜捣衣裳。

纤罗对凤凰，丹绮双鸳鸯，调砧乱杵思自伤。

思自伤，征夫万里戍他乡。

鹤关音信断，龙门道路长。

君在天一方，寒衣徒自香。

——唐 王勃《秋夜长》

这是王勃人生中最高产的岁月，在人生失意的时候，他笔耕不辍，写诗，写赋，写碑文，留下大量经典之作，如《春思赋》《慈竹赋》《彭州九陇县龙怀寺碑》《祭白鹿山神文》《益州绵竹县武都山净慧寺碑》《梓州玄武县福会寺碑》等。《祭白鹿山神文》一文后来被传抄到日本，现珍藏于东京国立博物馆，1931年被指定为“日本国宝”。

他把诗写在江边，写在原野，写在高山，写在松间；他写别离，写长夜，写思念，写宴会，写江童山女、白云青溪、泉声虹影、垂叶落花。

王勃终于抛弃了宫廷里的琐碎，开始书写广阔世界，表达心灵之声。从他开始，唐诗的世界焕然一新。

07

春雪无声

两岸猿声啼不住，轻舟已过万重山。——李白

王勃终于回到了长安。

公元 671 年，朝廷下达诏书，将在长安举行一场特别考试，以招揽天下英才。

“英雄帖”的发布，仿佛一把熊熊燃烧的大火，瞬间点燃了天下才子们平静的生活，让他们原本宁静的日子顿时变得热气腾腾、炽热无比。才子英豪不远万里，纷纷从四面八方赶往长安。

卢照邻从北归长安，骆宾王则从西北返京，王勃由蜀归来，再加上杨炯一直待在长安，“初唐四杰”终于在长安聚首。在前面的叙述中，我们已经了解了王勃、杨炯、卢照邻，在此，我们着重介绍一下

双鹅图 北宋 崔白

骆宾王。

骆宾王比王勃大 10 岁，其出身寒微，父亲曾当过县令，可惜去世很早。骆宾王是个神童，7 岁时便能作诗《咏鹅》：“鹅鹅鹅，曲项向天歌。白毛浮绿水，红掌拨清波。”此时，他享有盛誉的作品是长诗：

山河千里国，城阙九重门。
不睹皇居壮，安知天子尊。
…………
侠客珠弹垂杨道，倡妇银钩采桑路。
倡家桃李自芳菲，京华游侠盛轻肥。
延年女弟双凤入，罗敷使君千骑归。
同心结缕带，连理织成衣。
春朝桂尊尊百味，秋夜兰灯灯九微。
翠幌珠帘不独映，清歌宝瑟自相依。
…………
黄金销铄素丝变，一贵一贱交情见。
红颜宿昔白头新，脱粟布衣轻故人。
故人有湮沦，新知无意气。
灰死韩安国，罗伤翟廷尉。

已矣哉，归去来！

…………

——唐 王勃《帝京篇》

当然，最终让骆宾王赢得千古声名的，是那篇连武则天看后也赞不绝口的《代李敬业传檄天下文》。这样一位令天下人仰望的不可多得的大才子，人生却过得磕磕绊绊，官运财运皆不济。考科举，他落榜后供职于道王李元庆身边，任王府典鉴，后来又从事列席次第工作。这次，他和大家的想法一样，都不想错过长安的人才盛典。

是的，是千里马，就必须驰骋在赛马场；是武林高手，就必须争锋于华山论剑；是体育健儿，就必须纵横在竞技场。王勃、杨炯、

华灯侍宴图 南宋 马远

十才子图（局部） 明 唐寅（传）

卢照邻、骆宾王这些大才子，必须在考场上争个高低，辨个雌雄，接受国家的挑选！

从这个角度来说，唐朝的统治者实在是太懂得拿捏读书人的心理了。

这次应试，“初唐四杰”全部名落孙山。

其实，结局早就注定了，只是他们不能提前预知。

这次负责铨选的是初唐著名的政治家、军事家、书法家裴行俭，他此时任吏部侍郎。裴行俭有个特别

的本领，“晓阴阳算术，兼有人伦之鉴”，他有一双识人辨人的慧眼，神奇到只要看一眼，就能预测其人生。当时王勃、杨炯、卢照邻、骆宾王四人的名气已经是大得不得了，天下读书人争相传阅他们的文章，背诵他们的诗作，他们在民众中早已拥有一大批热情的粉丝。临考前，同事李敬玄向裴行俭推荐这四个人，认为这四个年轻人的文章诗赋写得妙不可言，足以在文坛上刮起不小的旋风，以他们的才华，如果能被朝廷选拔任用，必定是前途不可限量。

裴行俭却表达了截然不同的看法，他说："这四个人我都在不同场合见过，也读过他们写的文章。国家选拔人才，首先要看重政治水平，其次是意志品质，最后才是文章文采。这四个人，他们大多恃才傲物、浮躁浅露、行为放荡、不喜约束。我看很难担当大任哪！那个杨炯培养培养，最多能当个县令，至于其他三人，我看很难有好的命运！"

裴行俭三言两语，凭借自己对性格与命运关系的理解，深刻且犀利地道出了王勃四人的命运走向。或许是历史的巧合，王勃他们的人生轨迹竟渐渐朝着裴行俭预测的方向前进。命运，总是波谲云诡。

这话后来传到了王勃的耳朵里，他满心不服。他饱读经书，钻研学问，了解国家兴衰治乱的道理，学习为臣之道，为的就是有朝一日能够为国家朝廷效力。王勃认为自己虽然年轻，却懂得政治的门道、文章的真谛，绝不是那种只会拿锦绣文章为自己充门面做装饰的肤浅之人，而是有真抱负、真理想、真情怀的大丈夫。于是，他洋洋洒洒写下一篇《上吏部裴侍郎启》，在文章中，他一再表明自己的心志：

夫文章之道，自古称难。圣人以开物成务，君子以立言见志。遗雅背训，孟子不为；劝百讽一，扬雄所耻。苟非可以甄明大义，矫正末流，俗化资以兴衰，国家由其轻重，古人未尝留心也……

伏见铨擢之次，每以诗赋为先，诚恐君侯器人于翰墨之间，求材于简牍之际，果未足以采取英秀，斟酌高贤者也。徒使骏骨长朽，真龙不降。炫才饰智者，奔驰于末流；怀真蕴璞者，栖遑于下列。

——唐 王勃《上吏部裴侍郎启》节录

王勃指出，文以载道，好文章要立言见志，成就事业，而不是奇技淫巧。他迫切希望国家能够真正选拔出“英秀”“高贤”的人才，勿使明珠暗投。

裴行俭收到了王勃的文章，他看到了这位年轻人的锐气、胆量及渴望出人头地的志气。裴行俭心想，既然他不适合在中央朝廷任职，不如把他放到地方上去锻炼锻炼，是金子总要发光的，如果通过几年

四君子图　明　项圣谟

的磨砺，他能收敛身上的锋芒，说不定有堪当大用的那一天。于是，裴行俭大笔一挥，王勃有了一个新的身份：虢州（今河南三门峡西部、西南部及附近区域）参军。

一开始，王勃并不想赴任，因为这个职位离他心中的预期实在是太远了。想当年，他是朝廷任命的最年轻的官员，可几年兜兜转转，他的官越做越小，而且还要远赴河南，实在有些不甘。正在犹豫之际，虢州司马陆季友给他发来了热情洋溢的欢迎信，信中说："子安兄不是精通医术、爱好草药吗？你有所不知，虢州这个地方盛产各类药材，你还不速速赶来，与我会合，我定陪你上山采药！"

就这样，在父亲的劝说和朋友的邀请下，王勃踏上了通往虢州的道路。临行前，他为准备去太学念书的弟弟王劼写下一篇《送劼赴太学序》，他叮嘱弟弟要牢记祖宗的德行，继承父辈的事业，讲兄弟之情，重朋友之义，这四者齐备了，然后"加之执德弘，信道笃，心则口诵，废食忘寝，涣然有所成，望然有所伏"，这样就会知识有得、事业有成。这是王勃写给弟弟的一封家书，他字字真切、句句平实，

山径春行图　南宋　马远

字里行间渗透着浓浓的兄弟情谊，可见，王勃是位重感情的人。

咸亨四年（673），王勃到了虢州。

虢州的职位轻松而闲适，王勃那颗漂泊的心渐渐安顿下来。他经常和友人结伴出游，领略大自然的野趣；他沉醉于迷人的春天，流连于醉人的春景；他为春天写下一首又一首小诗。他写“泽兰侵小径，河柳覆长渠”（王勃《郊兴》）；他写“鱼床侵岸水，鸟路入山烟”（王勃《春日还郊》）。

正所谓人生如画，色彩由心；境由心生，心能转境。王勃这个时期的诗，一扫四川诗作的抑郁幽思、孤独悲愤，又重新变得清新明快起来。如果说，他在四川的作品总是带着一抹灰暗的色调，那现在，他的诗作中又重新充满

仙山楼阁图 南宋 赵伯驹

了明亮的暖色调。

在虢州，王勃还创作了游仙诗：

仆本江上客，牵迹在方内。
寤寐霄汉间，居然有灵对。
翕尔登霞首，依然蹑云背。
电策驱龙光，烟途俨鸾态。
乘月披金帔，连星解琼珮。

浮识俄易归，真游邈难再。

寥廓沉遐想，周遑奉遗诲。

流俗非我乡，何当释尘昧。

——唐 王勃《忽梦游仙》

这也许是王勃一个光怪陆离的梦，在梦中他丢掉了人间的一切束缚，畅游于天地之间，脚踏彩霞，驾着云彩，驾驭神龙，好不畅快！王勃在此诗中的想象何其大胆、何其丰富、何其瑰丽！

人总是囿于现实的种种，可是，人的心灵是可以无限自由的。在这个心灵的无限空间里，没有爱与恨，没有忧与怨，没有不舍与牵挂，你始终是自己心灵花园的唯一主人，守着花开，守着月明，守着沧海桑田！

可是，人生的鹅毛大雪，再次无情落在了王勃的肩头！很快，虢州闲适的生活戛然而止，如同一块碎了一地的镜子，再也无从收拾！

也许是由于王勃太过率性而为，目中无人，他自己都搞不清楚究竟何时得罪了虢州折冲都尉崔辰之。正是这个崔辰之，使了一个小小的绊子，便让毫无从政经验、毫无防人之心的王勃掉进了圈套。

冬天的一个夜晚，王勃在灯下读书，忽然侍从报有人求见。一个自称“曹达”的人到来，他介绍说自己是崔辰之家的一名官奴，只因偷了主人家的银两，要被崔大人治罪，想在王勃这里躲避一段时日，等崔大人气消了，再让王勃帮他求情。王勃动了恻隐之心，便答应让曹达暂时躲避。

谁知过了几天，王勃才知道，曹达犯了重罪。这时，王勃有两个选择：一是将曹达告发并交给崔辰之处置；二是将曹达赶走。这两个选择都可以让王勃和这件事切割干净。可王勃偏偏昏了头，他生怕自己窝藏官奴的事被别人知道，于是把曹达杀了！

很快，王勃私杀官奴的事东窗事发，他被捕入狱，等候处决，父亲也因王勃受到牵连，被贬为交州交趾（今越南北部）令。

王勃在阴暗的大牢里痛哭流涕，自己生死未卜，还让家族蒙羞、父亲蒙难。

他难道真的要命丧虢州？他不甘心！他不甘心！

他仿佛掉进了深不见底的生命黑洞！

08

春日惊雷

沉舟侧畔千帆过，病树前头万木春。——刘禹锡

关在阴冷潮湿的大牢里，等待被处决的日子应该是王勃生命中最难熬的一段岁月。

王勃是谁？是神童？是天才？是沛王侍读？是虢州参军？是杀人犯？是一只待宰的羔羊？

王勃一次次流下绝望而无助的泪水，他想一头撞死在这牢笼，更想绝食而亡。他不明白为什么会这样倒霉，一次次掉进命运的旋涡？

但他不想就这样被命运吞噬，他还有很多事情没做，他还有很多地方没去，他还没娶妻生子，未能尽孝于长辈，他不甘心就这样糊里糊涂地死去。

父亲王福畤为儿子的事操碎了心，一夜之间头上冒出了许多白发。为了救王勃，他四处奔波，到处磕头求人，并给狱中的王勃传来消息，要他一定不能自暴自弃，希望一定会有的。

王勃再次在狱中拿起了笔，只有拿起笔，他才能暂时逃遁这沉重的生活。

他整理校对了自己过去的书稿，还写了《三国论》《八卦卜大演论》等论作。

"山重水复疑无路，柳暗花明又一村"，事情出现了转机，不久，唐高宗改年号为上元，大赦天下。

王勃逃过了这场劫难，保住了性命。但是，他的仕途却彻底断绝了。

劫后余生，现在还谈什么前途、事业、功名？王勃觉得，自己能好好活着，便是最大的幸运。

父亲在王勃出狱后不久便远赴交趾上任去了，王勃则回山西老家休养了一段时间。

第二年（675）春天，春回大地，万物复苏。王勃渐渐从人生的低谷中走了出来，他的身体也恢复了许多。他收到了父亲的来信。在信中，父亲向他详细介绍了交趾的风土人情、自己的工作生活点滴，还勉励他出来走走，到交趾与他团聚。

王勃终于离江西、离洪州、离滕王阁、离那个他在历史上大放异彩的日子越来越近了。

王勃决定南下交趾，一是为了巡游四方，二是为了探望父亲。

他从山西渡黄河入河南，东行开封经由大运河南下扬州，再转长江水道到九江，他首先抵达江西的鄱阳湖。

鄱阳湖已值初秋，碧波万顷，莲叶接天。采莲女摇着小船，正忙着采摘莲蓬。王勃从小在北方长大，

浔阳八景图（局部） 明 唐寅

见惯了北方的大山大水，此时乍然见到南方的婀娜灵秀、山青水碧，他不觉看入了迷。他写下一首乐府风格的古诗：

采莲归，绿水芙蓉衣。

秋风起浪凫雁飞。

桂棹兰桡下长浦，罗裙玉腕轻摇橹。

叶屿花潭极望平，江讴越吹相思苦。

相思苦，佳期不可驻。

塞外征夫犹未还，江南采莲今已暮。

采莲花，渠今那必尽娼家。

官道城南把桑叶，何如江上采莲花。

莲花复莲花，花叶何稠叠。

叶翠本羞眉，花红强如颊。

佳人不在兹，怅望别离时。

牵花怜共蒂，折藕爱连丝。

故情无处所，新物徒华滋。

不惜西津交佩解，还羞北海雁书迟。

采莲歌有节，采莲夜未歇。

正逢浩荡江上风，又值徘徊江上月。

徘徊莲浦夜相逢，吴姬越女何丰茸。

共问寒江千里外，征客关山路几重。

——唐 王勃《采莲曲》

王勃站在船头，迎着鄱阳湖的风，细嗅着空气中淡淡的莲香，看着小船在水面穿梭停留。他想到了此时的塞外，已是北风卷地，漫天飞雪。大唐的疆域是如此辽阔，同样的九月，塞外已是苦寒之

采莲图卷（局部） 明 陈淳

地，而这里却秋高气爽，景致宜人，大自然真是造化万千！采莲姑娘此刻一定非常思念自己万里之外的征夫吧！他用笔婉转，情思绵绵，将满腔深情付诸笔端，以女子之心，以江南风光为背景，抒写“绿水芙蓉衣”“莲花复莲花”的曼妙，描绘“浩荡江上风，徘徊江上月”的诗意，怅然着“征客关山路几重”的无奈。风景之美与相思之苦，在这里形成了强烈的对比，让人产生无限的遐想与沉思！

王勃继续南下，他没有想到，他人生的高光时刻即将来临。他曾以为，科举高中、献赋皇帝才是他人生的终极追求。他以为，当他远离长安、远离朝堂、远离王侯将相时，他的人生就会变得暗淡无光。他这些年，心心念念的就是有朝一日能重登天子堂。可是，他离长安越来越远，离他的抱负越来越远。他有点灰心丧气，他不曾想到，在江西，在洪州，在滕王阁宴会上，历史将送给他一个大大的惊喜。

九月上旬，王勃抵达洪州，他准备在洪州停留一段时日，休整之后再继续南下。

早在来洪州之前，王勃就听说过滕王阁。22 年前（653），唐高祖李渊最小的儿子，即第 22 个儿子李元婴任洪州都督时主持建造了滕王阁。李元婴生于富贵帝王家，是个衔着珠玉出生的“皇二代”，从小受到父兄的万般宠爱，11 岁时就被封为“滕王”。他虽然顽劣骄奢，却在建筑、音乐、绘画等方面表现出过人的天赋，尤其擅长画蝴蝶。曾有诗云：“滕王蛱蝶江都马，一纸千金不当价。”李元婴被后人誉为“滕派蝶画”的开山鼻祖。

在李元婴的封地山东滕州，他建造的第一座滕王阁，被称为滕州滕王阁。洪州滕王阁是他建造的第二座滕王阁，这阁雄峙于赣江边，共三层，高约18丈，登上最高处时，只见西山迤逦如画，江上烟波浩渺，风光一览无余。在这里，李元婴宴宾客之欢，享歌舞之妙，揽江山之胜。滕王阁由此成为当时洪州城内最奢华、最气派、最高雅的文化娱乐场所，达官贵人、文人骚客，莫不以受邀参加滕王宴会为荣。

公元662年，李元婴调任隆州（今四川阆中）刺史，又在山高皇帝远的嘉陵江畔玉台山腰修建了玉台观和滕王亭，世人称阆中滕王阁。

风流总被雨打风吹去。自李元婴走后，洪州滕王阁一度陷入沉寂。直至13年后（675），洪州府都督阎伯屿将滕王阁修葺一新，洪州滕王阁又重新焕发了光彩。

九月初九，恰逢重阳。为纪念滕王阁重新开阁，阎都督决定在滕王阁举行一场盛大的宴会，邀请洪州城内的政坛精英、社会名流、文人雅士共襄盛事。在这场宴会上，他还有一个小小的私心，那就是让

滕王阁宴会图（局部）　南宋　赵伯驹（传）

女婿吴子章提前精心准备好一篇序文，在宴会上公开发表，让吴子章赚名气、攒人气，为女婿的仕途做些铺垫。

王勃作为客居在洪州的雅士，自然也收到了宴会的请柬，一段传奇就此展开。

宴会上觥筹交错，热闹非凡。正值大家酒意酣畅之时，阎都督站起身，满面春风地对大家说道："今日，滕王阁修葺一新，重新开阁，乃洪州的文化盛事。我在这里想邀请大家趁此雅兴，为滕王阁写篇序文以做纪念，不知大家意下如何？"热闹的场面顿时变得安静，在座的宾客事先并不知道要在宴中为滕王阁作序，都没做任何准备，于是以沉默表示推辞。

阎都督本就想在宴上趁势隆重推荐自己的女婿吴子章，所以早已料到大家的态度。不料，一位年轻人从席间站起身来，双手作揖道："我是来自山西的王勃，读过一些书，写过一些文章。今日路过洪州，赴都督盛宴，实在感到无比荣幸。都督盛情难却，那我就斗胆试笔，还望各位不吝赐教。"

阎都督心中生出一丝不悦，他仔细打量了王勃一番，只见他英气逼人，面如桃花，想必已有三杯酒下肚。阎都督心想，真是"初生牛犊不怕虎"，这么年轻的后生竟敢当场揭榜，只怕到时候收不了场，落个尴尬。他不动声色，爽朗地笑道："果然是后生可畏啊！好好好，既然这位小兄台有此雅兴，那就笔墨伺候，我们来一睹风采！"

王勃于是走到桌前，拿起毛笔，稍作沉吟，便提笔书写起来。阎都督则示意属下将王勃写的句子随时抄来，让他欣赏。

"豫章故郡，洪都新府。星分翼轸，地接衡庐。"

阎都督不以为意。

"物华天宝，龙光射斗牛之墟；人杰地灵，徐孺下陈蕃之榻。"

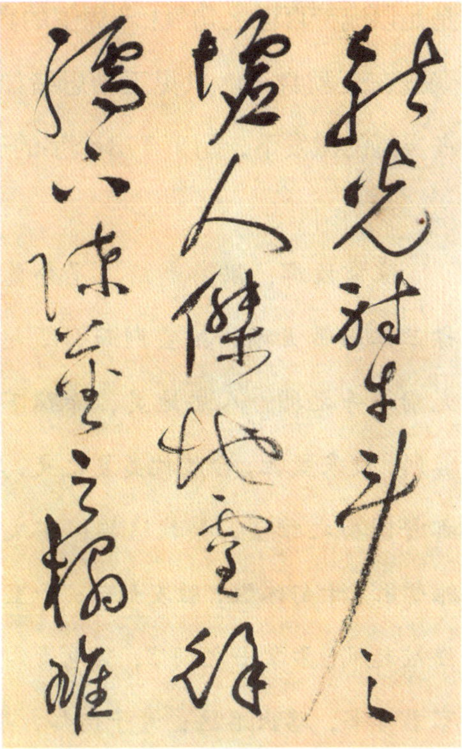

草书滕王阁序并诗（局部）　明　祝允明

阎都督看后不由心中一惊，心想，这小子，有点才华。

“鹤汀凫渚，穷岛屿之萦回；桂殿兰宫，即冈峦之体势。”

阎都督越发觉得文章气势了得，金句不断。

当看到那句“落霞与孤鹜齐飞，秋水共长天一色”时，阎都督禁不住拍手叫绝，脱口而出道：“这真是足以流芳百世之句啊！”周围的宾客纷纷围上来，聚拢在王勃身边。只见王勃思绪如飞，奋笔疾书，在灵感的激发下，写下773个字的千古奇文：

豫章故郡，洪都新府。星分翼轸，地接衡庐。襟三江而带五湖，控蛮荆而引瓯越。物华天宝，龙光射牛斗之墟；人杰地灵，徐孺下陈蕃之榻。雄州雾列，俊采星驰。台隍枕夷夏之交，宾主尽东南之美。都督阎公之雅望，棨戟遥临；宇文新州之懿范，襜帷暂驻。十旬休假，胜友如云；千里逢迎，高朋满座。腾蛟起凤，孟学士之词宗；紫电青霜，王将军之武库。家君作宰，路出名区；童子何知，躬逢胜饯。

时维九月，序属三秋。潦水尽而寒潭清，烟光凝而暮山紫。俨骖騑于上路，访风景于崇阿。临帝子之长洲，得天人之旧馆。层峦耸翠，上出重霄；飞阁流丹，下临无地。鹤汀凫渚，穷岛屿之萦回；桂殿兰宫，即冈峦之体势。

披绣闼，俯雕甍，山原旷其盈视，川泽纡其骇瞩。闾阎扑地，钟鸣鼎食之家；舸舰弥津，青雀黄龙之舳。云销雨霁，彩彻区明。落霞与孤鹜齐飞，秋水共长天一色。渔舟唱晚，响穷彭蠡之滨；雁阵惊寒，声断衡阳之浦。

遥襟甫畅，逸兴遄飞。爽籁发而清风生，纤歌凝而白云遏。睢园绿竹，气凌彭泽之樽；邺水朱华，光照临川之笔。四美具，二难并。穷睇眄于中天，极娱游于暇日。天高地迥，觉宇宙之无穷；兴尽悲来，识盈虚之有数。望长安于日下，目吴会于云间。地势极而南溟深，天柱高而北辰远。关山难越，谁悲失路之人？萍水相逢，尽是他乡之客。怀帝阍而不见，奉宣室以何年？

嗟乎！时运不齐，命途多舛。冯唐易老，李广难封。屈贾谊于长沙，非无圣主；窜梁鸿于海曲，岂乏明时？所赖君子见机，达人知命。老当益壮，宁移白首之心？穷且益坚，不坠青云之志。酌贪泉而觉爽，处涸辙以犹欢。北海虽赊，扶摇可接；东隅已逝，桑榆非晚。孟尝高洁，空余报国之情；阮籍猖狂，岂效穷途之哭！

勃，三尺微命，一介书生。无路请缨，等终军之弱冠；有怀投笔，慕宗悫之长风。舍簪笏于百龄，奉晨昏于万里。非谢家之宝树，接孟氏之芳邻。他日趋庭，叨陪鲤对；今兹捧袂，喜托龙门。杨意不逢，抚凌云而自惜；钟期既遇，奏流水以何惭？

鸣呼！胜地不常，盛筵难再，兰亭已矣，梓泽丘墟。临别赠言，幸承恩于伟饯；登高作赋，是所望于群公。敢竭鄙怀，恭疏短引，一言均赋，四韵俱成。请洒潘江，各倾陆海云尔。

——唐 王勃《滕王阁序》

《滕王阁序》是一篇骈文。两马并列为骈，骈文要求句子两两相对，多为四字句对四字句，六字句对六字句，又称“四六文”。《滕王阁序》与骆宾王后来写的《讨武曌檄》并称为中国骈文史上的“双璧”，是中国文学宝库里珍品中的珍品。

王勃在文中展示了他出神入化的写作能力。《滕王阁序》对仗极其工整，用典极为广泛，文采极为华美，虽然只有短短773个字，却运用及创造成语40个，用典多达46处，这是我国古代创造成语数量最多的一篇文章。

更为重要的是，这篇文章被王勃注入了充沛的思想感情，贯穿了他强烈的主体意识。早早地成名

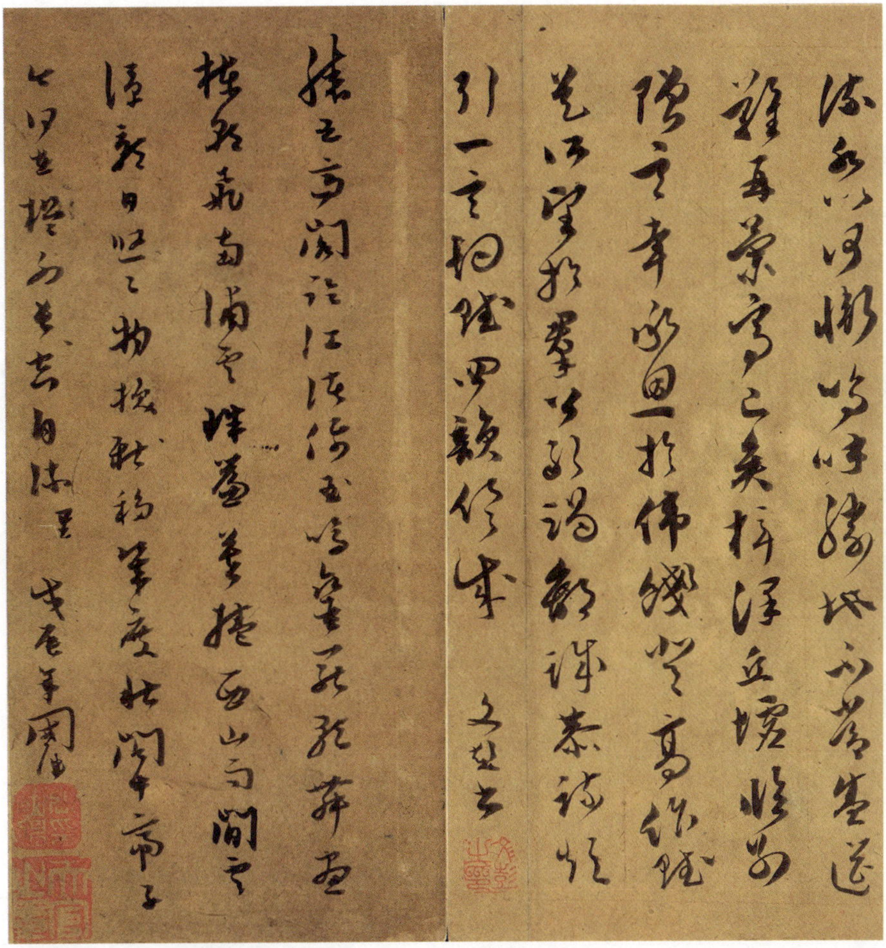

滕王阁序册（局部） 明 文彭

却极速地下坠，高远的志向与残酷的现实，过人的才华与飘零的生活，强烈的人生反差，一直压抑在王勃的心中，让整篇文章充斥着一种强烈的情绪，一种壮志难酬的苦闷，而一句“老当益壮，宁移白首之心？穷且益坚，不坠青云之志”又让人感受到王勃那种不服输、不怕输、不认命的人生态度。这篇文章有着刚健的躯干、华美的外表，更有着饱满的灵魂、昂扬的精神，读后让人爱不释手，给人无限启迪！

文章之后，王勃还即兴赋诗：

滕王高阁临江渚，佩玉鸣鸾罢歌舞。
画栋朝飞南浦云，珠帘暮卷西山雨。
闲云潭影日悠悠，物换星移几度秋。
阁中帝子今何在？槛外长江空自流。

——唐 王勃《滕王阁》

“春雷响，万物生。”一场偶然参加的宴会，一篇即兴而作的骈文，为年轻的王勃赢得了盛大的声誉与名望。他的文章如同一记响亮的春雷，惊起蛰伏的万物，撞击着天下年轻学子们一颗颗青春懵懂的心。

原来，文章可以这么写，写得像首诗，像篇赋，

宋滕王阁图（局部）　北宋　郭熙（传）

像幅画，像首歌；写得奔腾开阔，千回百转；写得激情四溢，清丽流畅！

初唐的文坛彻底沸腾起来了！王勃的这篇文章被广为传播，天下学子们争相誊抄传阅背诵！王勃，成为他们心中的偶像！池塘的春水涨起了，桃花、李花、樱花浩浩荡荡开起来了，沉寂的雀鸟扑腾起来了！年轻学子们的心，彻底被搅动起来了！

王勃感受到了文章给他带来的巨大荣耀。当他不再为皇帝皇子写文章、不再为前途功名写文章时，他感到，那些从心灵之泉里汩汩流出的文句，映照着的，是他的真心；涌动着的，是他的真情。他现在，是在为自己而写，为命运而写，为历史而写！

盛宴已落幕，征途再出发。王勃从历史的高光中默默退场，收拾好自己的书稿文章，背起行囊，再次孤身一人从洪州出发。他将南下至大庾岭，再翻山进入岭南，最后从广州出海去交趾，去看望他的父亲。

09

春花落尽

落花落，落花纷漠漠。——王勃

王勃曾写过一篇关于落花的小诗：

落花落，落花纷漠漠。
绿叶青跗映丹萼，与君裴回上金阁。
影拂妆阶玳瑁筵，香飘舞馆茱萸幕。
落花飞，燎乱入中帷。
落花春正满，春人归不归。
落花度，氛氲绕高树。
落花春已繁，春人春不顾。
绮阁青台静且闲，罗袂红巾复往还。
盛年不再得，高枝难重攀。
试复旦游落花里，暮宿落花间。
与君落花院，台上起双鬟。

——唐 王勃《落花诗》

那是一个暮春时节，他看到落花随风飞舞，飘飘洒洒、无声无息地从枝头落了下来。“盛年不再得，高枝难重攀”，这仿佛是一首生命的挽歌，那些娇艳欲滴的花朵，曾经高傲地绽放在高高的枝头，迎着春日的阳光，展露出迷人的风姿，令人流连树

落花游鱼图　清　恽寿平

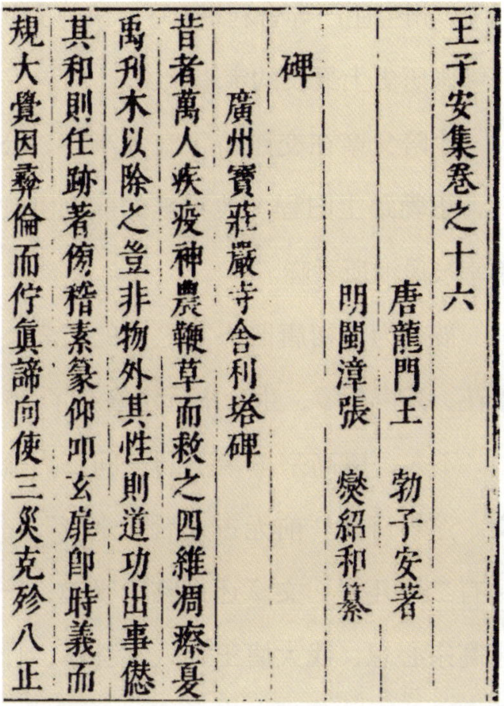
王子安集卷之十六
唐龍門王　勃子安著
明閩漳張　燮紹和纂
碑
廣州寶莊嚴寺舍利塔碑
昔者萬人疾疫神農鞭草而救之四維凋瘵夏禹刊木以除之豈非物外其性則道功出事儆其和則任跡著傍稽素篆仰叩玄扉即時義而規大覺因彝倫而佇眞諦向使三災克殄八正

《广州宝庄严寺舍利塔碑》选自《王子安集》（王勃集）卷之十六“碑”

唐　王勃　四部丛刊景明本

下，久久不愿离去。仿佛才刚刚开过，花朵们便纷纷从枝头坠落。浪漫的花雨，纪念的是它们绚烂而短暂的生命。王勃写落花，写的是那份淡淡的伤感、那心头的不舍、那光阴逝去青春不再的无奈。他不曾想到，他的生命也会如同这落花般，绚烂而短暂。

在去交趾的路上，途经广州，应广州宝庄严寺住持的邀请，王勃留下了他生命里最后一件文学作品《广州宝庄严寺舍利塔碑》。该碑文共计3200字，是中国历史上最长的宝塔铭文。

他陪父亲在交趾待了有大半年。公元676年八月，王勃踏上归程。他乘坐的船刚刚驶入南海，就不幸被风浪所吞噬。

被誉为“初唐四杰”之首的王勃，如同暮春的繁花，无声凋零，生命永远定格在了26岁。

不久，唐高宗李治听闻世间广为流传着一篇奇文。这篇奇文“前无古人后无来者”，奇文的作者只有二十几岁，文章还是临时受邀，一气呵成的。唐高宗心想，我大唐王朝人文荟萃，什么奇文我没有见过，于是下令要来了一份手抄本。

唐高宗看完《滕王阁序》后，彻底惊呆了！文章高华流丽，字字珠玑，堪称唐朝骈文典范。此时唐高宗才知道这篇文章是王勃写的，顿时五味杂陈。当年王勃正是因为写了一篇戏文《檄英王鸡》，惹得自己勃然大怒，亲自下令把他赶出长安的。没有想到，几年时间过去了，王勃不仅没有沉沦，反而写出了如此出彩的文章。

唐高宗急忙问众人：“王勃现在何处？”他想，

明皇观鸡图　元　赵雍

这么厉害的文章高手，还是应该招揽到朝廷中来。

有臣子回答：王勃已经不幸离世了！

唐高宗唏嘘不已，连声说道："可惜！可惜！可惜！"

裴行俭当年的预言一一应验，"初唐四杰"中的卢照邻、骆宾王的人生也都以惨淡收场。

卢照邻得了严重的中风，他无法忍受病痛的折磨，在和家人诀别后，纵身一跃，跳入滔滔的颍水。

骆宾王参加了徐敬业起兵造反的队伍，写出了气势磅礴、文采飞扬的《讨武曌檄》，成了反动派当中的标杆性人物。后反叛的军队被打败，骆宾王也消失在一条大江边。有人说，他也是投江而亡。

到了公元7世纪的最后几年，"四杰"里的王、卢、骆都已离世，只剩下了形单影只的杨炯。

曾经有传言说杨炯与王勃不和，并且说过"愧在卢前，耻在王后"这样的话，意思是杨炯对王杨卢骆这样的排名不满意，认为卢照邻比王勃更厉害。

然而，杨炯在自己晚年时干了一件重要的事，他写了一篇文章《王勃集序》，对王勃为新文学做出的历史贡献，给予了高度的评价。

在文章中，他对比了两个时代的文学，他认为，只有把王勃放在新旧两个时代的对比中，才更能彰显王勃的贡献：

在前一个时代，他觉得诗歌雕琢痕迹太重，格局太小——“龙朔初载，文场变体，争构纤微，竞为雕刻。糅之金玉龙凤，乱之朱紫青黄，影带以狥其功，假对以称其美，骨气都尽，刚健不闻”。

在后一个时代，即以王勃为首的“初唐四杰”崛起的时代，诗歌的风格大变，如同春天一般，万物竞发，生机盎然——“长风一振，众萌自偃，遂使繁综浅术，无藩篱之固；纷绘小才，失金汤之险。积年绮碎，一朝清廓”。

是的，王勃出现在李白、杜甫之前，是初唐时期当之无愧的诗坛“一哥”。他和其他出身平凡却才华横溢的学子们一道，点燃熊熊火炬，照亮了新诗歌的道路，在全社会掀起了诗歌创作的浪潮。在他们之前，是皇帝、宰相、达官贵人在写诗；在他们之后，越来越多的小官小吏、布衣士子在写诗。从此，唐诗创作形成了一个生机勃发、百花齐放的生态环境，一首首好诗破土而出，一位位诗人横空

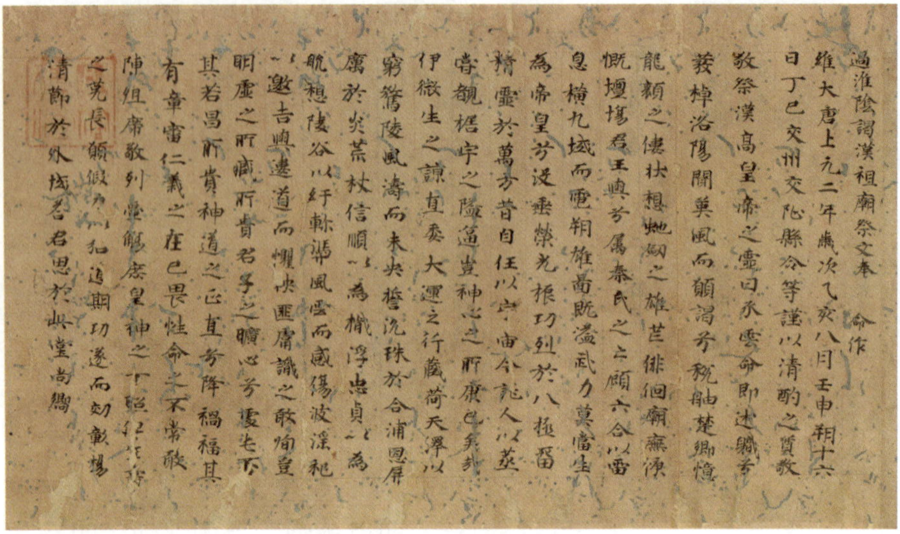
過淮陰謁漢祖廟祭文奉 命作
維大唐上元二年歲次乙亥八月壬申朔十六
日丁巳交州交阯縣令等謹以清酌之奠敬
敬祭漢高皇帝之靈曰承雲命即述職兮
鼓棹洛陽開鶂風而顧謁兮稅軸楚鄉憶
龍顏之偉狀想地勢之雄芒徘徊廟庭
慨壇場兮王興兮屬秦氏之六顧六合以雷
息橫九域而電翔雄圖既溢武力莫當生
為帝皇兮沒垂榮光振功烈於八極留
精靈於萬方昔自任以亭由今託人以蒸
嘗觀棺宇之隘道豈神心之所康也矣哉
伊微生之諒直委大運之行藏荷天澤以
窮驚陵風濤而未央譬沈珠於合浦恩屏
廣於炎荒杖信順〻以為檝浮忠貞〻以為
航想陵谷以紆軫憑風雲而感傷波深祀
〻邀吉興遠道而懼缺匪庸識之敢忤豈
明虛之所臧所貴君子之曠心兮憂老不
其若昌所貴神道之正直兮降禍福其
有章當仁義之在己畏性命之不常敢
陳俎席敬列豐觴庶皇神之下臨仁佐
之克長願假力以弘道期功遂而效彰揚
清節於外域若君思於此堂尚饗

王勃第二十九卷

出世，共同打造了唐诗的黄金时代。王勃、杨炯、卢照邻、骆宾王之后，是沈佺期、宋之问、杜审言、陈子昂、张若虚，之后是张九龄、贺知章、孟浩然，然后是李白、杜甫、白居易……唐诗的夜空从此群星闪耀。

王勃去世 30 年之后，公元 8 世纪初，日本遣唐使小心翼翼地将王勃的作品手抄本《王勃诗序》，包括那篇著名的《滕王阁序》带回日本，呈送给日本皇室。后来王勃的作品一直珍藏在日本正仓院中。

王勃去世 85 年后，“诗圣”杜甫不但特别喜爱“四杰”的作品，而且对“四杰”给予了极高的评价。

他在《戏为六绝句·其二》中写道：“王杨卢骆当时体，轻薄为文哂未休。尔曹身与名俱灭，不废江河万古流。”他说，你们这些人当时轻视王杨卢骆的诗文，认为他们写得轻薄肤浅，不够华丽，才能只能算是一般，但是你们这些人现在早已消失在历史的烟尘中，而王杨卢骆四人反而在时间的打磨下，更加光彩夺目，就像这滔滔的江河一样，万古奔流，昼夜不息。

文因阁而起，阁因文而名。自王勃为滕王阁写下“千古一序”之后，滕王阁便享誉天下，位居“江南三大名楼”之首。唐代文学家王绪来了，王仲舒来了，大文学家韩愈也来了……他们重修滕王阁，为滕王阁写赋、写记，用一篇篇诗文向这位曾经在滕王阁写出惊世之作的年轻人致以崇高的敬意，从而开创了“诗文传阁”的先例。

王勃之后，滕王阁成为江西文化的象征、江西人的精神图腾。江西人执着地认为：阁在，文脉就在，祖先的庇佑就在，家园的福泽就在，江西人就能在这片土地上繁衍生息、安居乐业，江西就能风调雨顺、兴旺发达，文化昌盛、英才辈出。于是，滕王阁便

滕王阁图（局部） 元代 夏永

有了在一千多年时光里，屡次被毁，却又屡次重新屹立于赣江之滨的传奇。

据统计，滕王阁经唐、宋、元、明、清历代，屡废屡兴，先后修葺达29次之多。其中，唐代5次，宋代1次，元代2次，明代7次，清代13次。1926年，清代的滕王阁被北洋军阀所毁。到了抗日战争时期，滕王阁旧址只剩下6间逼仄阴暗的平房，沦为日本人养马的场所。这是江西一段晦暗的岁月，也是滕王阁千年历史中一段忧伤的时光。

滕王阁何时能够重建？何时能够恢复旧日的光彩，继续庇佑江西这块人杰地灵的土地？尽管当时国事艰难，可是江西依然在为滕王阁重建的事奔忙。1942 年，在时任省建设厅厅长杨绰庵的恳求下，路过江西的建筑大师梁思成先生带着学生莫宗江，参照“天籁阁”旧藏宋宫廷画《滕王阁》，亲手绘制了 8 幅《重建滕王阁计划草图》。1989 年，依据梁思成先生的设计图纸，第 29 次重建的滕王阁终于落成，江西人半个多世纪的愿望终于实现，此次重建成为江西近代文化史上的盛事。

“大都好物不坚牢，彩云易散琉璃脆。”生命短暂，韶华易逝，荣华富贵皆是过眼云烟。经过时间的侵蚀消解，再坚固的物体也会化作尘埃，随风飘散。但有些东西却能跨越时间和空间的限制，亘古长青，你看，《滕王阁序》依旧是中国孩子们必背的经典之一，只要你能一字不差地背下来，你就可以免费获得一张参观滕王阁的门票；滕王阁之上，每天都有游客在那里凭栏远眺，望着江上来往的船只出神；王勃参加滕王阁宴会的故事在这里被一遍遍说起，讲的人神采飞扬，听的人津津有味，仿佛

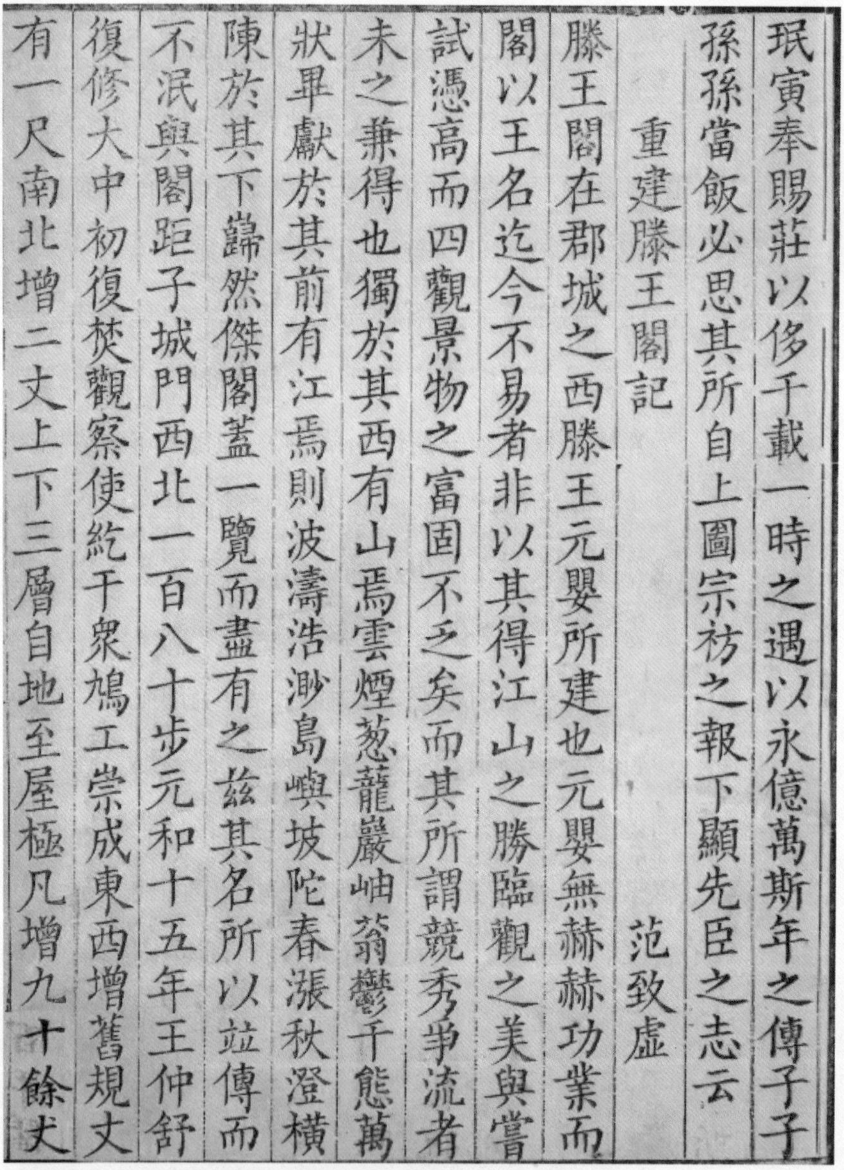

珉寅奉賜莊以侈千載一時之遇以永億萬斯年之傳子子孫孫當飯必思其所自上圖宗祊之報下顯先臣之志云

重建滕王閣記　范致虚

滕王閣在郡城之西滕王元嬰所建也元嬰無赫赫功業而閣以王名迄今不易者非以其得江山之勝臨觀之美與嘗試憑高而四觀景物之富固不乏矣而其所謂競秀爭流者未之兼得也獨於其西有山焉雲煙葱蘢巖岫蓊鬱千態萬狀畢獻於其前有江焉則波濤浩渺島嶼坡陀春漲秋澄横陳於其下巋然傑閣蓋一覽而盡有之茲其名所以竝傳而不泯與閣距子城門西北一百八十步元和十五年王仲舒復修大中初復焚觀察使紇干衆鳩工崇成東西增舊規丈有一尺南北增二丈上下三層自地至屋極凡增九十餘尺

《重建滕王阁记》选自《西江志卷》第一百五十七“艺文”
清　查慎行　清　白潢修　康熙五十九年刻本

那场宴会就发生在昨天；赣江的水依然恣意流淌，自南向北，奔腾不息汇入鄱阳湖，最终融入滚滚长江；西山还是那样迤逦多姿，绵延不绝，在晴天里展露出灵秀的身姿。

这天、这地、这山、这水，不还是王勃来时的模样吗？这文章、这高阁、这喧嚣的人间、这盛世的景象，不还是王勃熟悉的样子吗？

王勃不是落花。他好好地活过，努力拼搏过，发出过呐喊，擎起过火炬；他发过光，发过热，留下了专属于他的历史印迹。

让我们再次记住他的身影：“衫襟缓带，拟贮鸣琴；衣袖阔裁，用安书卷。”

“勃，三尺微命，一介书生。无路请缨，等终军之弱冠；有怀投笔，慕宗悫之长风。”

让我们记住他身姿的雄健、内心的辽阔、精神的丰盈。

他和他的作品早已化作一江春水，日夜奔流，滋养着中国人炽热的诗心，涵养着中国人非凡的气质，赋予中国人精神的力量，不论沧海桑田、斗转星移……

屹立于赣江之滨的滕王阁　付海平摄影

10

附录：滕王阁序

原 文

豫章故郡，洪都新府。星分翼轸(zhěn)，地接衡庐。襟三江而带五湖，控蛮荆而引瓯(ōu)越。物华天宝，龙光射牛斗之墟；人杰地灵，徐孺下陈蕃（fān）之榻(tà)。雄州雾列，俊采星驰。台隍(huáng)枕(zhěn)夷夏之交，宾主尽东南之美。都督阎(yán)公之雅望，棨(qǐ)戟(jǐ)遥临；宇文新州之懿(yì)范，襜(chān)帷（wéi）暂驻。十旬休假，胜友如云；千里逢迎，高朋满座。腾蛟（jiāo）起凤，孟学士之词宗；紫电青霜，王将军之武库。家君作宰，路出名区；童子何知，躬逢胜饯（jiàn）。

时维九月，序属三秋。潦（lǎo）水尽而寒潭清，烟光凝而暮山紫。俨（yǎn）骖（cān）騑（fēi）于上路，访风景于崇阿（ē）；临帝子之长洲，得天人之旧馆。层峦耸翠，上出重霄；飞阁流丹，下临无地。鹤汀（tīng）凫（fú）渚（zhǔ），穷岛屿之萦回；桂殿兰宫，即冈峦之体势。

披绣闼（tà），俯雕甍（méng），山原旷其盈视，川泽纡其骇瞩。闾阎（lú yán）扑地，钟鸣鼎食之家；舸（gě）舰弥津，青雀黄龙之舳（zhú，通：轴）。

云销雨霁（jì），彩彻区明。落霞与孤鹜齐飞，秋水共长天一色。渔舟唱晚，响穷彭蠡（lǐ）之滨；雁阵惊寒，声断衡阳之浦。

遥襟甫畅，逸兴遄（chuán）飞。爽籁发而清风生，纤歌凝而白云遏（è）。睢（suī）园绿竹，气凌彭泽之樽（zūn）；邺（yè）水朱华，光照临川之笔。四美具，二难并。穷睇眄（dì miǎn）于中天，极娱游于暇日。天高地迥（jiǒng），觉宇宙之无穷；兴尽悲来，识盈虚之有数。望长安于日下，目吴会（kuài）于云间。地势极而南溟（míng）深，天柱高而北辰远。关山难越，谁悲失路之人？萍水相逢，尽是他乡之客。怀帝阍（hūn）而不见，奉宣室以何年？

嗟乎！时运不齐，命途多舛（chuǎn）。冯唐易老，李广难封。屈贾谊于长沙，非无圣主；窜梁鸿于海曲，岂乏明时？所赖君子见机，达人知命。老当益壮，宁移白首之心？穷且益坚，不坠青云之志。酌贪泉而觉爽，处涸辙（hé zhé）以犹欢。北海虽赊（shē），扶摇可接；东隅（yú）已逝，桑榆非晚。孟尝高洁，空余报国之情；阮籍猖狂，岂效穷途之哭？

勃，三尺微命，一介书生。无路请缨，等终军之弱冠（guàn）；有怀投笔，慕宗悫（què）之长风。舍簪（zān）笏（hù）于百龄，奉晨昏于万里。非谢家之宝树，接孟氏之芳邻。他日趋（qū）庭，叨（tāo）陪鲤对；今兹捧袂（mèi），喜托龙门。杨意不逢，抚凌云而自惜；钟期既遇，奏流水以何惭？

呜呼！胜地不常，盛筵难再，兰亭已矣，梓（zǐ）泽丘墟。临别赠言，幸承恩于伟饯；登高作赋，是所望于群公。敢竭鄙怀，恭疏短引，一言均赋，四韵俱成。请洒潘江，各倾陆海云尔。

滕王高阁临江渚，佩玉鸣鸾罢歌舞。
画栋朝飞南浦云，珠帘暮卷西山雨。
闲云潭影日悠悠，物换星移几度秋。
阁中帝子今何在？槛外长江空自流。

译 文

这里是汉代的豫章郡城，如今是洪州的都督府，天上的方位属于翼、轸两星宿的分野，地上的位置联结着衡山和庐山。以三江为衣襟，以五湖为衣带，控制着楚地，连接着瓯越。这里物产丰富、珍贵，宝剑的光芒直冲上牛、斗二星的区域；人中有英杰是因为大地有灵气，陈蕃专为徐孺设下几榻。雄伟的州城，像雾一般罗列，英俊的人才，像繁星一样活跃。城池坐落在夷夏交界的要害之地，主人与宾客，都是东南地区的英俊之才。都督阎公，享有崇高的名望，远道来到洪州坐镇；宇文州牧，是美德的楷模，赴任途中在此暂留。正逢十日一休的假日，杰出的友人云集；高贵的宾客也都不远千里来到这里聚会。文坛领袖孟学士，文章的气势像腾起的蛟龙、飞舞的彩凤；王将军的武库里，藏有像紫电、青霜这样锋利的宝剑。由于父亲在交趾做县令，我在探亲途中经过这个著名的地方；我年幼无知，竟有幸亲身参加这场盛大的宴会。

时当九月，秋高气爽。积水消尽，潭水清澈，天空凝结着淡淡的云烟，暮霭中山峦呈现一片紫色。

在高高的山路上驾着马车，在崇山峻岭中访求风景；来到昔日帝子的长洲，找到仙人居住过的宫殿。这里山峦重叠，青翠的山峰耸入云霄；凌空的楼阁、红色的阁道犹如飞翔在天空，从阁上看不到地面。白鹤、野鸭停息的小洲，极尽岛屿的迂曲回环之势；浩雅的宫殿，跟起伏的山峦配合有致。

推开雕花的阁门，俯视彩饰的屋脊，山峰平原尽收眼底，湖川曲折令人惊讶。遍地是里巷宅舍，许多钟鸣鼎食的富贵人家；舸舰塞满了渡口，尽是雕上了青雀黄龙花纹的大船。正值雨过天晴，虹消云散，阳光朗煦。落霞与孤雁一起飞翔，秋天的江水和辽阔的天空连成一片，浑然一色。傍晚渔舟中传出的歌声，响彻彭蠡湖滨；雁群感到寒意而发出的惊叫，鸣声到衡阳之浦为止。

放眼远望，胸襟刚感到舒畅，超逸的兴致立即兴起。排箫的音响引来徐徐清风，柔缓的歌声吸引住飘动的白云。今日的宴会，好比那睢园竹林的聚会，在座的文人雅士，豪饮的气概超过彭泽县令陶渊明；像邺水赞咏莲花，这里诗人的文采，胜过临川内史谢灵运。（良辰、美景、赏心、乐事）这四种美好的事物都已经齐备，（贤主、嘉宾）这两个难得的条件也凑在一起了。向天空中极目远眺，在假日里尽情欢娱。苍天高远，大地寥廓，令人感到宇宙的无穷无尽；欢乐逝去，悲哀袭来，我知道了事物的兴衰成败是有定数的。西望长安，东指吴会。南方的陆地已到尽头，大海深不可测，北方的北斗星多么遥远，天柱高不可攀。关山重重难以越过，有谁同情不得志的人？萍水偶尔相逢，大家都是异乡之客。怀念着君王的宫门，但却不被召见，什么时候才能够去侍奉君王呢？

呵，各人的时机不同，人生的命运多有不顺。冯唐容易衰老，李广难得封侯。使贾谊遭受委屈，贬于长沙，并不是没有圣明的君主；使梁鸿逃匿到齐鲁海滨，难道不是在政治昌明的时代？只不过由于君子安于贫贱，通达的人知道自己的命运罢了。年纪虽然老了，但志气应当更加旺盛，怎能在白头时改变心志？境遇虽然困苦，但节操应当更加坚定，决不能抛弃自己的凌云壮志。即使喝了贪泉的水，心境依然清爽廉洁；即使身处于干涸的车辙中，胸怀依然开朗愉快。北海虽然十分遥远，乘着旋风还是能够达到，早晨虽然已经过去，而珍惜黄昏却为时不晚。孟尝君心性高洁，但白白地怀抱着报国的热情；阮籍为人放纵不羁，我们怎能学他那种穷途的哭泣！

我地位卑微，只是一个书生。虽然和终军一样年已二十一，却无处去请缨杀敌；我羡慕宗悫那种“乘长风破万里浪”的英雄气概，也有投笔从戎的志向。如今我抛弃了一生的功名，不远万里去朝夕侍奉父亲。虽然称不上谢家的“宝树”，但是能和贤德之士相交往。不久我将见到父亲，聆听他的教诲；今天我侥幸地奉陪各位长者，高兴地如同登上龙门。假如碰不上杨得意那样引荐的人，就只有抚拍着自己的文章而自我叹惜；既然已经遇到了钟子期，就弹奏一曲《流水》又有什么羞愧呢？

呵！名胜之地不能常存，盛大的宴会难以再逢，兰亭宴集已为陈迹，石崇的梓泽也变成了废墟。承蒙这个宴会的恩赐，让我临别时作了这一篇序文；至于登高作赋，这只有指望在座诸公了。我只是冒昧地尽我微薄的心意，作了短短的引言，在座诸位都按各自分到的韵字赋诗，我已写成了四韵八句。请在座诸位施展潘岳、陆机一样的才笔，各自谱写瑰丽的诗篇吧！

高高的滕王阁，下临赣江，那些贵人身挂琳琅佩玉，坐着鸾铃鸣响的车马，前来阁上参加歌舞宴会的繁华场面，现在已经一去不复返了。早上，画栋飞来了南浦的浮云；黄昏，珠帘卷入了西山的细雨。云影倒映在大江中，日日悠悠不尽；物换星移，不知度过了多少个春秋。高阁中的滕王如今在哪里呢？只有那栏杆外的江水空自流淌，日夜不息。

成 语

1. 襟江带湖

襟：衣襟。带：衣带。形容江河湖泊之间相互萦绕交错，如同衣襟和衣带一样。

2. 三江五湖

指东南方的三条重要江河和太湖流域一带的湖泊，用以形容南昌地理位置的优越。

3. 物华天宝

华：精华。宝：宝贝。物的精华，天的宝物。比喻极为珍奇宝贵之物。

4. 人杰地灵

人杰：才能智力特别突出的人物。灵：特别好。人物俊杰，地方灵秀。指杰出的人物出生或到过的地方，那里就会成为名胜之地。也指灵秀之地出杰出人物。也作“地灵人杰”。

5. 俊采星驰

俊采：指人才。星驰：众星是运行着的，所以说“驰”。指天下的才俊如同繁星闪耀。

6. 雄州雾列

雄州：雄壮的州城。雾列：雾，像雾一样，名词作状语，喻浓密、繁盛。雄伟的州城像雾一样涌起。

7. 棨戟遥临 qǐ jǐ yáo lín

棨戟：有缯（zēng 或 zèng，古代对丝织品的总称）衣或油漆的木戟。古代官吏所用的仪仗，出行时作为前导，后亦列于门庭。临：到。这里指达官贵人远道而来。

8. 襜帷暂驻 chān wéi zàn zhù

襜帷：车上四周的帷帐，可用以借指车驾。暂驻：短暂停留或暂停。车驾暂时停留，形容威严的仪仗队或官员暂时驻扎或停留。

9. 胜友如云

胜友：良友。许多良友聚集一处。

10. 高朋满座

高：高贵，高尚。高贵的朋友坐满了席位。

11. 腾蛟起凤

蛟：蛟龙。凤：凤凰。宛如蛟龙腾跃、凤凰起舞。形容人很有文采。

12. 躬逢胜饯

躬：亲身、亲自。胜饯：盛大的宴会。有幸亲身参加这次盛大的宴会。

13. 飞阁流丹

阁：架空建造的楼阁。流丹：流动着红色，形容色彩飞动。凌空建造的楼阁涂有鲜艳欲流的丹漆，形容建筑物的精巧美丽。

14. 桂殿兰宫

“桂”和“兰”在这里是名词用作动词，表示“用桂木做的宫殿”“用木兰做的宫殿”。桂花和木兰花不仅气味芳香，其木质也坚硬，非常适合用于建筑。用于形容建筑气派、设备华美的宫殿。

15. 闾阎扑地 lǘ yán pū dì

闾阎，古代平民居住的地区，泛指民间，也指平民。形容房屋众多、市集繁华。

16. 钟鸣鼎食

钟：古代乐器。鼎：古代炊器。击钟列鼎而食。形容贵族的豪华排场。

17. 舸舰弥津 gě jiàn mí jīn

舸：大船。舰：小船。弥：弥漫、布满。津：渡口。形象地描绘了战船密布渡口的盛况，喻指军事强盛或水运繁忙。

18. 云销雨霁 yún xiāo yǔ jì

销：通“消”。霁：雨过天晴。云消雨停，阳光普照，天空晴朗。

19. 水天一色

水光与天色相浑。形容水天相接的辽阔景象。

20. 衡阳雁断

衡山南峰有回雁峰，相传雁来去以此为界。比喻音信不通。

21. 逸兴遄飞 yì xìng chuán fēi

遄：快，疾速。指超逸豪放的兴致勃发飞扬。

22. 响遏行云 xiǎng è xíng yún

遏：阻止。行云：飘动的云彩。形容歌声嘹亮，高入云霄，连浮动着的云彩也被止住了。出自《列子・汤问》：“饯于郊衢；抚节悲歌；声振林木；响遏行云。”

23. 天高地迥 tiān gāo dì jiǒng

迥：远。形容天地广阔深远。也作“天高地远”。

24. 兴尽悲来

兴：高兴，兴奋。尽：达到极端。高兴到极点，悲哀就随之而来。指万事只能适可而止。

25. 萍水相逢

浮萍随水漂泊，聚散不定。比喻向来不认识的人偶然相遇。

26. 时运不齐

齐：同“济”。遭遇逆境，命运不好。亦作“时运不济”。

27. 命途多舛 mìng tú duō chuǎn

舛：不顺，不幸。命运充满不顺。指一生坎坷，屡受挫折。

28. 冯唐易老

冯唐：西汉人，为人耿直，颇有才华，身历汉文帝、汉景帝、汉武帝三朝，仕途一直不顺。汉武帝想重新起用他时，他已经九十多岁，无法再做官了。感慨生不逢时。出自《史记·冯唐列传》。

29. 李广难封

李广，西汉名将，一生与匈奴交战七十余次却未得封侯。王勃用此典故抒发怀才不遇之感慨，出自《史记·李将军列传》：“文帝曰：惜乎，子不遇时！如令子当高帝时，万户侯岂足道哉！”汉代名将李广功劳虽大，然而得不到分封。意为功绩很高却得不到封爵，是对命运的一种慨叹，常用来比喻怀才不遇。

30. 达人知命

达人：通达事理的人。指心胸豁达的人，安于命运。

31. 老当益壮

当：应该。益：更加。壮：雄壮。年纪虽老而志气更旺盛，干劲更足。出处是《后汉书·马援传》：“丈夫为志，穷当益坚，老当益壮。”

32. 穷且益坚

处境愈穷窘，意志愈坚强。出自《后汉书·马援传》：“丈夫为志，穷当益坚，老当益壮。”

33. 青云之志

比喻崇高的志向。

34. 涸辙之鲋 hé zhé zhī fù

涸：干。辙：车轮碾过的痕迹。鲋：鲫鱼。水干了的车沟里的小鱼。比喻在困境中急待援救的人。出自《庄子·外物》。

35. 东隅已逝，桑榆非晚

东隅：指日出处，表示早年。桑榆：指日落处，表示晚年。早年的时光消逝，如果珍惜时光，发愤图强，晚年并不晚。

36. 穷途之哭

因车无路可行而悲伤，后指处于困境所发出的绝望的哀伤。出自《晋书·阮籍传》。

37. 三尺微命

三尺：衣带下垂的长度，古时服饰制度规定束在腰间绅的长度，因地位不同而有所区别，士规定为三尺。形容一个平凡普通、不起眼的书生。

38. 一介书生

一介：一个。旧时读书人的自称或对普通读书人的雅称。

39. 无路请缨 wú lù qǐng yīng

缨：绳子。请缨：指投军报国。没有立功报国的时机。

40. 投笔从戎

从戎：从军，参军。扔掉笔去参军。指文人从军。出处是《后汉书·班超传》。

41. 谢家宝树

成语源自一个典故。《晋书·谢玄传》中有一段记载，晋朝谢安曾问子侄们：为什么人们总希望自己的子弟好？侄子谢玄回答："譬如芝兰玉树，欲使其生于庭阶耳。"后来就称谢玄为谢家宝树。泛指能光耀门庭的子侄或有出息的子弟。

42. 高山流水

比喻知己或知音，也比喻乐曲高妙。出自《列子·汤问》："伯牙鼓琴，志在登高山，钟子期曰：'善哉，峨峨兮若泰山。'志在流水，钟子期曰：'善哉，洋洋兮若江河。'"

43. 胜地不常

指美好的局面或形势很短暂。也作"好景不常"或"好景不长"。

44. 盛筵难再 shèng yán nán zài

盛：盛大。筵：筵席。盛大的筵席难以再得，比喻良机不易重逢。

45. 梓泽丘墟

梓泽：晋代大官僚、富豪文学家石崇的别墅——金谷园的别称。成语讲述了金谷园从繁华到废弃的故事。石崇修建豪华别墅金谷园，时常邀请达官贵人或众多文友在金谷园内宴游作诗，歌舞助兴。后石崇整个家族被赵王司马伦尽杀于洛阳东市，昔日繁华金谷园，渐成黄土废墟。

46. 登高作赋

登高：登上高处，指身临其境。赋：盛行于汉魏六朝时期的一种文体，此借指创造。登上高处，看到无限美好的景色，触景生情，一定能创作出好的诗赋，以言其志。出自《韩诗外传》卷七："孔子游于景山之上，子路、子贡、颜渊从。孔子曰：'君子登高必赋，小子愿者何？言其愿，丘将启汝。'"

47. 潘江陆海

潘、陆：晋朝的著名文学家潘岳、陆机。南朝梁锺嵘《诗品》卷上："陆（陆机）才如海，潘（潘岳）才如江。"后遂以"潘江陆海"形容人诗文方面的才华横溢。

48. 雨帘云栋

形容高敞华美的阁楼。

49. 物换星移

物换：景物变幻。星移：星辰移位。景物改变了，星辰的位置也移动了。比喻时间的变化。

金　句

1. 豫章故郡，洪都新府。星分翼轸（zhěn），地接衡庐。

赏析：洪州原来是豫章郡，后来改为洪州新府。天上的方位属于翼、轸二星分野，地上的位置连接着衡山和庐山。

2. 物华天宝，龙光射牛斗之墟；人杰地灵，徐孺下陈蕃之榻。

赏析：这里物产丰富，有如天降的宝贝，其光彩直冲牛斗星宿。这里人中有英杰，土地有灵气，陈蕃为徐孺设下几榻。此句赞美了豫章的风光和人才。豫章有许多才华出众的人物，其中徐孺子（东汉名士）曾经访问过豫章太守陈蕃（东汉名臣），陈蕃专门为他设了一张睡榻，徐孺子去后又悬置起来。

3. 台隍（huáng）枕夷夏之交，宾主尽东南之美。

赏析：城池位于中原与南夷的交界之地，宾客与主人都是东南最优秀人物。这里用“枕”字表示占据或地处，“尽”字表示泛指或包含。这句用夸张的手法，赞美了滕王阁所在的地理位置优越和人才辈出。

4. 潦水尽而寒潭清，烟光凝而暮山紫。

赏析：雨后积水退去，寒凉的潭水一片清澈，天空中弥漫着淡淡的烟气，暮霭中山峦迷蒙，呈现一片紫色。

这句话彰显了作者出色的观察力，他观察到初秋雨后山中的景致。天地为之一新，潭水愈发清澈，空气中弥漫着淡淡的雾气，傍晚时分，远处的山峦呈现出紫色。作者为我们展现了一幅恬淡、清新的自然画卷。

5. 落霞与孤鹜齐飞，秋水共长天一色。

赏析：晚霞和孤鹜齐飞，秋水和长天同色。在这两句诗中，落霞、孤鹜、秋水、长天 4 个元素共同构成了一幅美丽的画面。落霞和孤鹜的动态与秋水和长天的静态形成对比，展现了动静结合的美。落霞的绚丽和孤鹜的清淡，增加了画面的立体感和层次性。这两句诗语言优美，对偶工整，炼字精确，如“落”字和“孤”字的使用，不仅描绘了景象，也抒发了诗人的情感。

6. 渔舟唱晚，响穷彭蠡（péng lǐ）之滨；雁阵惊寒，声断衡阳之浦。

彭蠡：鄱阳湖的古名。衡阳：地名，今湖南衡阳。相传大雁飞到此地便不再往南。

赏析：傍晚时分，渔舟归航，渔民们欢快的歌声传遍了鄱阳湖滨；秋天天凉，雁阵南飞，到了衡阳水边，再往南雁声便中断了。作者采取虚写手法，通过想象和听觉联想，思接千里，神驰八荒，勾画出了视力和听力难以企及的景象。由此，一幅晚归渔舟、雁声渺渺的秋日傍晚图，便展现在了我们的眼前。

7. 睢园绿竹，气凌彭泽之樽；邺水朱华，光照临川之笔。

朱华：荷花。临川：郡名，治所在今江西省抚州市，代指谢灵运。谢灵运曾任临川内史。《宋书》本传称他“文章之美，江左莫逮”。

赏析：西汉梁孝王刘武（刘邦之孙），被封于梁，他在睢阳（今河南商丘），修建了一座规模宏大、建造精美的花园，后人称梁园、睢园。梁王在睢园打猎、大办宴会，宴请的都是像司马相如、枚乘、严忌这样的社会名流。彭泽指陶渊明，他曾当过彭泽县令，酷爱饮酒，所以说“彭泽之樽”。曹植曾在邺城作过一首《公宴诗》，当中有“朱华冒绿池”的句子。临川之笔，指的是曾经在临川任职的南北朝诗人谢灵运。此句引用两个典故，是为了表示在座的宾客个个来头不小，好比当年聚集在睢园（梁园）里的文人雅士一样，他们豪爽善饮，文才灼灼，超过了陶渊明，他们就像邺水旁的红色莲花一样，闪耀着临川内史谢灵运般的文采。

8. 天高地迥，觉宇宙之无穷；兴尽悲来，识盈虚之有数。

赏析：天高地远，令人感到宇宙的无穷无尽；欢乐散场，悲哀袭来，让人明白兴衰成败自有定数，这是我们无法掌控的。作者通过对天地宇宙的洞察和对人生短暂的感叹，成功地传达了一种悲凉而深刻的情感。在宇宙面前，在自然规律面前，人都是渺小的，我们能做的就是竭尽全力，顺其自然，接受上天的所有馈赠，不论是成功，还是失败，不论是相聚，还是别离，这才能真正超越自我。

9. 关山难越，谁悲失路之人？萍水相逢，尽是他乡之客。

赏析：关山很难翻越，谁会去同情一个走投无路的人？像浮萍那样偶然相遇，大家都是流落在异乡的游子。关山难越，那是对困顿之人的深切同情，一种生活的真实写照，隐含着作者自身的落寞与迷茫。在外求生的人，就像随风飘荡的浮萍，他们的命运随社会洪流起伏，怀揣着梦想，却面对着无数与自己相似的他乡异客。这画面描绘出一幅凄凉而普遍的景象。该句如同人生的寓言，揭示了在追寻梦想的道路上，每个人都有可能成为那“失路之人”或“他乡之客”。唤起我们对他人苦难的理解，提醒我们珍惜每一次的萍水相逢，因为每一段旅程都可能成为人生中的一座关山。

10. 老当益壮，宁移白首之心？穷且益坚，不坠青云之志。

青云：喻远大的抱负和志向。

赏析：人虽然老了，但奋斗的志向应当更加旺盛，怎能因为白头就轻易改变？物质条件虽然困苦，但志向应当更加坚定，决不能因为外在环境而放弃自己远大的抱负。此句极具鼓舞人们奋发图强的感染力，成为千古传诵的名言警句。

典 故

1. 物华天宝，龙光射牛斗之墟。

《晋书·张华传》记载：晋初，常有紫气照射在牛、斗二星之间。西晋名臣张华于是请教精通天象的江西豫章人雷焕。雷焕说这是宝剑的精气闪现，地点应在南昌之南。张华于是任命雷焕为丰城县令，令他前往寻剑。雷焕在丰城（今江西省丰城市，过去属于豫章古郡）日夜寻剑。一日，在挖掘丰城监狱地基时，得到一个石匣，内有龙泉、太阿二剑，寒光闪现，剑气逼人，这便是成语“气冲牛斗”的来历。宝剑出土后，那牛、斗二星之间的紫气也消失了。文章借此来夸赞洪州这个地方十分有灵气。

2. 人杰地灵，徐孺下陈蕃之榻。

典自《后汉书·徐稚传》。东汉名臣陈蕃因得罪权贵被贬到豫章做太守时，邀请当地一位高人徐孺子来家做客。徐孺子学识渊博、品行如玉、淡泊名利，明明有入仕的机会，但他认为现在朝廷混乱，时局动荡，即使入仕也会无所作为，于是坚决不肯入仕，而是教化乡里，传道授业，在当地十分有威望。陈蕃对徐孺子非常敬重，欲按照礼节请徐孺子担任功曹一职。徐孺子再三婉言谢绝，但出于对陈蕃的敬重，经常到太守府来拜访陈蕃。为了表示对徐孺子的求贤若渴，陈蕃在太守府中专为徐孺子备一张卧榻，供他过夜休息。只要徐孺子一离开，陈蕃就把卧榻挂起，直到下次徐孺子造访才放下此榻。

3. 宾主尽东南之美。

东南之美：《诗经·尔雅·释地》记载："东南之美，有会稽之竹箭；西南之美，有华山之金石。"本指东南地区出产的美物。该句的意思是宾主包括了东南地区最优秀的人物。

4. 紫电青霜，王将军之武库。

紫电，指的是紫电宝剑。晋·崔豹《古今注》："三国吴大帝孙权有六柄宝剑，一曰白虹，二曰紫电，三曰辟邪，四曰流星，五曰青冥，六曰百里。"紫电宝剑一直流传到了唐朝。青霜，指的是青霜宝剑，相传为汉高祖刘邦的佩剑。文章借此夸赞王将军珍藏了许多宝贵的兵器。

5. 腾蛟起凤，孟学士之词宗。

《西京杂记》记载："董仲舒梦蛟龙入怀，乃作《春秋繁露》词。"又："扬雄著《太玄经》，梦吐凤凰，集玄之上，顷而灭。”这两个典故分别讲的是董仲舒梦见蛟龙入怀，在灵感启发下，写下巨著《春秋繁露》；扬雄梦见自己吐出一只白凤在《玄经》上，于是著《太玄经》。此句盛赞文辞宗主孟学士所作文章灵感迸发，有董仲舒之才、扬雄之经略。

6. 雁阵惊寒，声断衡阳之浦。

衡阳被称为“雁都”，相传在衡阳，有回雁峰。当雁群飞到这个地方之后，因为感觉到气候温暖，就不再往南飞，等到春暖花开，再飞回北方，这是雁群往南迁徙的终点，所以大雁的鸣叫到了衡阳这个地方为止。

7. 纤歌凝而白云遏。

这个典故讲的是《列子·汤问》中秦青的故事。原文为：“薛谭学讴于秦青，未穷青之技，自谓尽之，遂辞归。秦青弗止，饯于郊衢，抚节悲歌，声振林木，响遏行云。”有个叫薛谭的人向秦青（传说中秦国善于歌唱的人）学习唱歌，只学到了一半，他就认为自己已经全部学会了，便提出要告辞回家。秦青听后并没有执意挽留，而是一路为薛谭送行，行到城外的大路上，秦青打起节拍，引吭高歌，歌声嘹亮悦耳，十分具有穿透力，连树叶都跟着一起振动，天上的浮云都仿佛止住了脚步。薛谭听后，才意识到，自己学艺不精，于是马上向秦青承认错误，从此安下心来跟着秦青学习，再也不提回家的事了。

9. 睢园绿竹，气凌彭泽之樽。

西汉梁孝王刘武（刘邦之孙），被封于梁。他在睢阳（今河南商丘），修建了一座规模宏大、建造精美的花园。《汉书》载：“于是孝王筑东苑，方三百余里。”后人称之为梁园、睢园。梁王在睢园打猎、大办宴会，宴请的都是像司马相如、枚乘、严忌这样的文人雅士。“彭泽”指陶渊明，他曾当过彭泽县令，酷爱饮酒，所以说“彭泽之樽”。这句意思是说，今日盛宴好比当年睢园雅集，大家酒量也胜过陶渊明。

10. 邺水朱华，光照临川之笔。

曹植曾在邺水作过一首《公宴诗》，当中有“朱华冒绿池”的句子。临川之笔，指的是曾经在临川任职的南北朝诗人谢灵运。此句引用这个典故，是为了表示在座的宾客个个来头不小，他们就像邺水旁的红色莲花一样，闪耀着临川内史谢灵运般的文采。

11. 望长安于日下，目吴会于云间。

意为向夕阳西下之处，远望长安，在云雾缭绕之间，遥看吴郡。这里指的是站在滕王阁登高望远，往西，可以看见长安，往东，可以看见苏州。“日下”一语源于《世说新语·夙惠》：晋明帝数岁，坐元帝膝上。有人从长安来，元帝问洛下消息，潸然流涕。明帝问：“何以致泣？”具以东渡意告之。因问明帝：“汝意谓长安何如日远？”答曰：“日远不闻。人从日边来，居然可知。”元帝异之。明日，集群臣宴会，告以此意，更重问之。乃答曰：“日近。”元帝失色曰：“尔何故异昨日之言邪？”答曰：“举目见日，不见长安。”这个典故讲的是：晋明帝（司马绍，东晋王朝第二位皇帝）只有几岁时，有一次坐在晋元帝（司马睿，东晋王朝开国皇帝）的腿上。有人从长安过来，元帝问起洛阳的情况后不由难过流泪。明帝问父亲为什么要哭，元帝告诉晋室东渡的往事。随后问明帝：“你觉得长安与太阳哪个更远哪？”明帝回答：“太阳远，因为从来没听说有人从太阳那边来，很明显是太阳更远。”元帝对这个回答感到非常惊讶。第二天，元帝召集群臣开宴会，就说了明帝这个巧妙的回答，而且又问了一次。没想到，这次明帝却回答："太阳更近一些。"元帝非常吃惊："你怎么和昨天说的不一样呢？"明帝答道："我抬起头就能看见太阳，却看不见长安。"这句回答含义深刻，表达了对长安的思念和对西晋灭亡王室东渡的感慨。王勃运用此典，比喻向往帝都却无法前往，功名事业不遂，希望和理想不能实现之意。"云间"则出自《世说新语·排调》。晋朝文学家荀鸣鹤、陆士龙二人未相识，他们有一个共同的好友叫张华。有一天，他们共同到张华家做客，张华招呼这两位大才子坐下后，让他们相互介绍自己。于是陆士龙先拱手道："云间陆士龙。"荀鸣鹤回礼道："日下荀鸣鹤。"他们两人的对话，是艺术性颇高的人名对，云间对日下，士龙对鸣鹤。此处用典，表层意为站在滕王阁上可以登高望远，深层的含义则流露出仕途坎坷，自己壮志难酬的苦闷。

12. 地势极而南溟深，天柱高而北辰远。

地势尽于南海，南海深广，天柱山高大，而北极星非常遥远。“南溟”，指南海，出自《庄子·逍遥游》：“是鸟也，海运则将徙于南冥（溟）。南冥者，天池也。”意思是这只鹏鸟，随着海上汹涌的波涛，迁徙到南方的大海。南方的大海，是天然的大水池啊！“天柱”，传说中的擎天之柱，出自《山海经·神异经》：“昆仑有铜柱焉，其高入天，所谓天柱也。”昆仑山上，有擎天之柱，周长有 300 里。“北辰”指的是北极星，也称紫微星，经常用它来比喻帝王或地位尊贵的人，或者用来表示帝都。“北辰”的说法出自《论语·为政》，子曰：“为政以德，譬如北辰，居其所而众星共之。”“地势极而南溟深，天柱高而北辰远”两句，暗含了王勃对于自己离帝都和皇帝是那样的遥远，很难被朝廷重用的感慨。

13. 怀帝阍（hūn）而不见，奉宣室以何年。

这句话意为：怀念朝廷却又不被任用，什么时候才能被皇帝召见呢？这句话中有两个典故，第一个是关于屈原的，第二个是关于贾谊的。屈原所作《离骚》中写道：“吾令帝阍开关兮，倚阊阖而望予。”“帝阍”指的是天帝的守门人。诗人来到天界，他命令天帝的守门人开门，守门人却只是懒懒地望了屈原一眼，不予理睬。屈原虽然心系朝廷，却并没有得到楚王的信任和重用。王勃在这里借用屈原的例子想表达的是，自己和屈原一样，忠心为国，却得不到朝廷的任用。“奉宣室以何年”这一典故源自《史记·贾谊传》。贾谊年轻时，名满天下，二十来岁时，就被汉文帝聘为博士，汉文帝每每有疑问，向贾谊咨询，都能得到满意的答复。后来，贾谊因为权臣排挤，迁谪长沙，做了长沙王的太傅。4 年后，贾谊重新获得汉文帝的召见，召见的地方就在未央宫的宣室，他们一直聊到半夜。作者借此表达自己想获得天子召见，从而施展抱负这一强烈愿望。

14. 冯唐易老，李广难封。

这句话使用了两个典故，一个是关于汉朝冯唐的，一个是关于汉朝李广将军的。《史记·张释之冯唐列传》记载，冯唐是汉朝一名大臣。汉文帝时，冯唐被任命为中郎署官员。由于他为人耿直无私，敢于提出忠告而不追求私利，因此在各个场合经常受到排挤。随着汉景帝登基，冯唐的耿直性格再次导致他失去了官职。汉景帝去世后，汉武帝继位，匈奴再次入侵边疆，汉武帝积极寻找贤才来辅佐国家。有人提议重用冯唐，但不幸的是，冯唐已经年过九旬，已力不从心，无法再次出仕。《史记·李将军传》记载，李广，西汉时期著名将领，一生参加了 70 多次抗击匈奴的战役。他长得身材高大，手臂修长，擅长骑射，在与匈奴的战斗中，英勇善战，行动敏捷，匈奴十分惧怕和李广交战，称他为“飞将军”。李广的一生虽然战功显赫，但由于过于自负，最终错过了封侯的机会，留下了“李广难封”的遗憾。“冯唐易老，李广难封”，诗人用这两个典故，表达了他命运坎坷、壮志难酬的愤懑之情。

15. 屈贾谊于长沙，非无圣主。

根据《史记·屈原贾生列传》记载，贾谊，西汉时期著名政治家、文学家，世称贾生。他少年英才，18 岁时就因为写得一手好文章名扬天下，21 岁被召入宫，成为汉文帝的一名博士，担任皇帝的高级幕僚。由于受到大臣周勃、灌婴等人排挤，不久，贾谊被贬为长沙王太傅，故后世亦称其为贾长沙。3 年后，汉文帝又将他征召入宫，在未央宫的宣室接见了他，向他咨询国家大事及鬼神祭祀的事情，之后，任命贾谊为梁怀王太傅。可惜，贾谊只活到 33 岁，英年早逝。但他的政论《过秦论》《治安策》《论积贮疏》等文章中提出的政治、经济、军事、文化观点，极大地影响了汉文帝的治国理政，对西汉王朝的长治久安起了重要作用。此句的意思是贾谊是天生的政治家，却由于大臣排挤被贬到长沙，并非当时没有圣明的君主。王勃在这里是暗指自己也和贾谊般少年英才，满腹才华，却遭受了像贾谊一般的怀才不遇。

16. 窜梁鸿于海曲，岂乏明时？

《后汉书·梁鸿传》记载，梁鸿，东汉文学家，生活在东汉第三个皇帝汉章帝时代。他家境贫寒，饱读诗书，品行高洁，同时又对政治和社会抱有完美的追求和想象，是一位儒家代表人物，一直隐居不仕。一次，梁鸿西出潼关，前往洛阳，看到洛阳那巍峨高耸、华丽庄严的宫殿群，又联想到自己一路走来所看到的老百姓辛苦劳作、生活艰难的场景，于是对统治者十分失望，就作了一首《五噫歌》："陟彼北芒兮，噫！顾瞻帝京兮，噫！宫阙崔嵬兮，噫！民之劬劳兮，噫！辽辽未央兮，噫！"这首诗的大意是讽刺当朝的统治者，追求享乐而不顾老百姓的死活。其实汉章帝在历史上的名声并不差，他和父亲汉明帝共同开创了东汉的“明章之治”，算得上是一个比较有作为的君主。后来，这首诗被汉章帝知道了，章帝勃然大怒，下令要把梁鸿抓起来。梁鸿听到消息后吓得赶紧改名换姓，带着妻儿一直逃到渤海边上隐居。此句意为梁鸿逃到齐鲁之地， 他所处的难道不是政治开明的时代吗？王勃以此感叹自己一生抱负未能施展。

17. 所赖君子见机，达人知命。

王勃创作该句时用的是《周易·系辞》中的典故，原文为“君子见几而作”和“乐天知命故不忧”，意为君子能够准确把握做事的时机，而通达的人能够提前预知自己的命运，活得通透坦然，凡事不钻牛角尖。

18. 老当益壮，宁移白首之心？

《后汉书》记载：“丈夫为志，穷当益坚，老当益壮。”这里引用的是东汉马援的故事。马援，东汉著名军事家，“马革裹尸”的成语就出自他的一句名言：“男儿要当死于边野，以马革裹尸还葬耳，何能卧床上在儿女子手中耶？”他从小志向远大，一心想报效国家，年轻时做生意，靠畜牧业赚了大钱，但是他的志向并不是做一名商人，于是散尽家财，还对周围人说："丈夫为志，穷当益坚，老当益壮！"意为大丈夫越穷困，志向就应当越坚定；年纪越大，志气就应当越豪壮。后来他参军入伍，追随汉光武帝刘秀南征北战，立下赫赫战功，最终战死沙场。王勃引用这个典故是想激励自己及众人，一个人年纪老迈之后，情怀应该更加豪壮，难道仅仅因为长出白头发就改变自己一生的志向吗？

19. 穷且益坚，不坠青云之志。

"青云之志"典出《续逸民传》："嵇康早有青云之志。"嵇康生活在魏晋南北朝时期，精通音乐、文学。他聪慧过人，容貌俊美，和宋玉、潘安、卫玠一同被公认为"中国古代四大美男"，是一位不可多得的青年才俊。他的四言诗写得极好，而且精通音律，著有名曲《广陵散》，尤其擅长老庄学说。他曾迎娶魏武帝曹操曾孙女长乐亭主为妻，拜官郎中，授中散大夫，世称"嵇中散"。司马氏掌权后，他带着妻儿隐居山林，因常与阮籍、山涛、向秀、刘伶、王戎及阮咸 6 人在竹林之中饮酒高歌，被誉为"竹林七贤”之首。后来，嵇康由于名气太大，又不肯与朝廷合作，最终被司马昭所杀，时年 40 岁。

20. 酌贪泉而觉爽，处涸辙以犹欢。

“酌贪泉而觉爽”出自《晋书·吴隐之传》，讲的是晋朝第一廉吏吴隐之的故事。晋朝时期，广州这个地方政治风气不好，官吏贪贿成风。于是朝廷决定派廉吏吴隐之前去整顿官场，矫正风气。吴隐之于是前往广州赴任。在距离广州城 20 里之外的石门，发现一眼山泉，当地人都说这处泉水叫贪泉，喝了贪泉的水，人也会变得贪婪。吴隐之偏偏不信这个邪，他躬下身子，用手捧起泉水畅饮，还说：“这泉水喝了真是让人感到清爽啊！只有心中有贪念的人，饮此泉水才会变得贪婪，心中装着清廉的人怎么喝也不会变心！”还作诗一首：“古人云此水，一歃怀千金。试使夷齐饮，终当不易心。”吴隐之在广州任职期间，果然崇尚廉洁，坚守清贫，低调务实，获得了极高的声望。“处涸辙以犹欢”出自《庄子·外物篇》，讲的是庄子向监河侯借粮食的故事。战国时期，宋国的庄子家穷得实在揭不开锅了，于是，庄子去监河侯家借粮食。监河侯十分客气地接待了他，并答应庄子等收到了各地的赋税之后，借给他三百金巨款。庄子听了，呵呵一笑，跟监河侯讲了一个“涸辙之鲋”的故事：今天，我到你家的时候，遇到一条困在车辙里的鲋鱼，那条鲋鱼眼看就要干渴而死，奄奄一息地对我说，能不能给它一点水，让它渡过眼下这个难关。我大手一挥，说道：“没问题，我等会儿要去东海龙王那里，到时引东海之水来救你如何啊？”小鱼翻了翻白眼，对我说道：“我本来只需要一升水就可以活命，你却偏偏要跑到东海去引水来救我，怕只怕等你从东海回来，就只能到鱼干铺里来找我了！”这就是成语“涸辙之鲋”的出处，用以比喻处在困境之中急需救助的人。文中引用这个典故表示虽然处境十分艰难但仍坚强乐观。

21. 北海虽赊，扶摇可接。

典故出自《庄子·逍遥游》：“鹏之徙于南冥也，水击三千里，抟扶摇而上者九万里。”“北冥”即北海。扶摇，猛烈的旋风。北海虽然遥远，但通过猛烈的旋风也能到达。比喻凡事只要经过努力，总可以完成。

22. 东隅已逝，桑榆非晚。

典故出自《后汉书·冯异传》，冯异是东汉开国名将，他曾在某次作战中失利，但很快重整旗鼓反败为胜。于是皇帝下诏表扬，称其“失之东隅，收之桑榆”。“东隅”为日出之地，“桑榆”为日落之地。日出时虽败，但日落时便能转败为胜，冯异不愧为当世名将。比喻人生的一部分时光虽然已经逝去，但是加倍珍惜未来的光阴，从今天开始做起，仍然未来可期。而王勃化用该典故主要想表达的是珍惜时光、发愤图强之意。

23. 孟尝高洁，空余报国之情。

《后汉书·孟尝传》记载，孟尝是东汉时期浙江上虞人。他的爷爷、父亲都担任过地方官员。受到家风影响，孟尝从担任地方小吏开始，就一直清廉正直，恪守本分，在官场中享有很好的口碑。后来，他担任了广西合浦郡太守。这个地方地处偏僻，土地贫瘠，当地农民多以珍珠养殖为生，可是之前的官员贪腐成风，与商人合谋，致使当地珍珠价格低贱而粮食价格昂贵，百姓连温饱都解决不了，只能无奈外出谋生。孟尝到任后，清正廉洁，脚踏实地，他大力整顿珍珠市场，恢复了中断的珍珠贸易，并由政府出面购买粮食卖给百姓，减少商人盘剥，同时带领百姓四处寻找可以耕种的田地。经过治理，合浦郡出现了珍珠、粮食双丰收，老百姓安居乐业的崭新局面。合浦人对孟尝十分尊敬爱戴，四处传扬他的德政。汉桓帝的尚书杨乔是孟尝的同乡，听说了孟尝的先进事迹，8 次向皇帝上书，大大肯定孟尝的人品、政绩，以及在百姓中的口碑，请求对孟尝予以重用。但桓帝昏庸无能，没有让孟尝在更重要的岗位上发挥价值。后来，孟尝隐退在家，70 岁时在家中去世。作者借此来反衬自己不甘沉沦的思想。

24. 阮籍猖狂，岂效穷途之哭？

《晋书·阮籍传》记载，阮籍是三国时期曹魏的著名诗人和“竹林七贤”之一，以其放荡不羁和率性而为的性格著称，其中“穷途之哭”是他最为人所熟知的故事之一。阮籍有时会随意驾车出行，不遵循既定的路径，直到无路可走时，便停下来恸哭而返。这个故事反映了阮籍面对生活困境和人生道路的无奈和悲愤，同时也揭示了他以一种极端的方式表达对现实的不满和苦闷的心情。王勃在这里反向用典，既表达了他对阮籍行为的批评，也反映了他自身不甘沉沦、力求振作自强的精神。

25. 无路请缨，等终军之弱冠。

典故出自《汉书·终军传》。汉代有个山东济南人叫终军，他从小志向远大，立志要干一番大事业，后来成了汉武帝身边的一名文官。南越和汉朝和亲，汉武帝想召南越王及王太后入朝，想以此让南越国臣服，作为汉朝的附属国。当时汉朝和南越的关系还不稳定，此时出使南越，是要冒很大风险的，但是终军此时站了出来，自愿请求出使南越国，还说：“只要皇上给我一根长绳，我必定将南越王给你绑回来。”最后果真不负使命，南越王答应归属汉朝。这句话作者以终军自比，表达自己也到了弱冠之年，却没有报国的机会。

26. 有怀投笔，慕宗悫（què）之长风。

“投笔”指的是我们熟悉的班超投笔从戎的故事，典故出自《后汉书·班超列传》。班超是史学家班彪的小儿子。因为家境贫寒，青年班超为了生计，便从官府接下一些誊抄书写的工作，以此赚点钱来减轻家中的负担，实际上他是一个很有才学和抱负的人。有一次，他抄写累了，就把笔丢到一边，叹息道："身为大丈夫，应该像傅介子和张骞那样为国家建功立业，怎么能够天天围着笔砚打转呢？"周围的同事听了都笑话他。他便说道："你们这些普通人又怎么能理解大丈夫的胸襟和抱负呢？"后来班超果然弃文从武，出使西域，立功封侯。宗悫是人名，典故出自《宋书·宗悫传》："悫年少时，炳问其志，悫曰：'愿乘长风破万里浪。'"南北朝时期，有个叫宗悫的小伙子，和兄弟们喜好读书不同，他从小就喜欢舞枪弄棒，看上去一副不成器的模样。有一天，他叔叔宗炳问他："你整天这样舞枪弄棒，到底有什么志向啊？"宗悫高声回答道："我愿乘长风破万里浪。"经过勤学苦练，宗悫终于学有所成，成为一位能征善战的将军。成语"乘风破浪"以及李白那句"长风破浪会有时"也来源于此。这句话说明作者有心学班超、宗悫，志向远大。

27. 非谢家之宝树，接孟氏之芳邻。

"谢家之宝树"源自一个典故。晋朝谢安曾问子侄们：为什么人们总希望自己的子弟好？侄子谢玄回答："譬如芝兰玉树，欲使其生于庭阶耳。"

后来就称谢玄为谢家宝树。泛指能光耀门庭的子侄或有出息的子弟。“接孟氏之芳邻”典故出自《列女传·母仪篇》。孟子从小丧父，家境贫寒，靠母亲织布将其养大。孟子小时候特别聪明，模仿能力特别强。一开始，母亲带他住在坟墓附近，孟子就经常跟着送葬的队伍学埋逝者、哭逝者，母亲觉得孩子不能待在这样的环境里，于是就带着孟子搬家，搬到一位屠夫隔壁。不久，孟子又开始跟着隔壁的邻居学起杀猪。孟子母亲感到忧虑，再一次搬家，这次搬到了学堂附近。孟子开始跟着读书写字，变得守秩序，懂礼貌，终成儒家学说的代表人物。这句话引用以上两个典故表达自己并不像谢家子弟那般优秀（有谦虚的成分），年幼时父亲为了培养自己也曾经择邻而居，使自己受到良好的教育。

28. 他日趋庭，叨陪鲤对。

“叨陪鲤对”是《论语》中的一个典故，出自《论语·季氏》。孔鲤是孔子的独子，字伯鱼。有一天，孔子独自站在堂上，孔鲤迈着小步从旁边经过，孔子叫住了他，问，最近学习了《诗经》没有？孔鲤回答说，没有。孔子于是对孔鲤说，不学习《诗经》，你就不懂得如何说话。于是，孔鲤回去认真学习《诗经》。又过了一段时间，孔鲤再次从院中经过，孔子又叫住了他，问，最近有没有学习《礼记》？孔鲤说，还没有。孔子又对儿子说，不学习《礼记》是不懂得如何修身的。于是，孔鲤就回去静心学习《礼记》。这句话意思是指王勃来日将接受父亲当面的教诲。

29. 今兹捧袂，喜托龙门。

“龙门”典故出自《后汉书·李膺传》：“膺以声名自高，士有被其容接者，名为登龙门。”东汉末年的李膺为人高风亮节，严于律己，视规范天下礼仪、伸张公平正义为己任，被他接待的士子，身份就会有所提高。另一种说法，《太平广记》记载，黄河龙门位于今天山西省河津市西北与陕西韩城市交界的黄河峡谷出口处。两岸大山将黄河紧紧夹住，最宽处不到 40 米，传说这里是大禹治水的地方，又称禹门。每年春夏之交，黄河中的鲤鱼会逆流而上，试图跃过龙门，只有少数鲤鱼能够成功，从而化身为龙。这句话意思为诗人谒见阎公十分高兴，好像登上龙门一样。

30. 杨意不逢，抚凌云而自惜。

这句话引用的是杨得意和司马相如的故事。杨意：杨得意。凌云：司马相如的《大人赋》。《史记·司马相如传》：“蜀人杨得意为狗监，侍上。上读《子虚赋》而善之，曰：‘朕独不得与此人同时哉！’得意曰：‘臣邑人司马相如自言为此赋。’上惊，乃召问相如。”典故的意思是：四川人杨得意是汉武帝手下一名掌管天子猎犬的官员。一次，汉武帝无意中读到司马相如的作品《子虚赋》，越看越喜欢，一边读一边赞叹，读完之后说：“我要能见一见这个文学奇才就好了。”杨得意正好在皇帝身旁，赶紧对皇帝说：“真是太巧了，写这个赋的人叫司马相如，是我的同乡，如果陛下想见他，我立刻把他找来。”于是汉武帝立即下令召见司马相如。正是由于杨得意的引荐，司马相如才有了为皇帝工作的机会，他的才华和抱负才有了施展的空间。此句意为如若没有遇到杨得意这位伯乐，恐怕司马相如也只能在家抚弄自己写的《大人赋》而自我感伤。

31. 钟期既遇，奏流水以何惭。

说的是俞伯牙和钟子期高山流水的故事。《列子·汤问》记载："伯牙善鼓琴，钟子期善听。"俞伯牙是一位古琴演奏家，但是他一直没有找到能够理解他音乐的知音。有一次，俞伯牙坐船遇到风浪，夜晚船停泊在一座小山旁，俞伯牙弹起了琴。这时，岸边走来一位叫钟子期的樵夫，他认真聆听着伯牙的琴声。当琴声高耸时，钟子期由衷赞叹道：这琴声宛如雄伟的高山。当琴声悠扬时，钟子期又赞叹道：这琴声宛如浩荡的江水。俞伯牙听了心中十分高兴，他终于遇到了一位能理解他音乐的知音。作者把这两句中的都督阎公比作自己的伯乐，也把在座各位宾客比作自己的钟子期。

32. 兰亭已矣，梓泽丘墟。

兰亭：地点在今天浙江绍兴西南，是东晋时期的一个著名宴集地点。公元 353 年三月，王羲之与当时的社会名流孙绰、谢安等人在这里宴饮集会，著名的《兰亭集序》就创作于此，成为中国书法史和文化史上的一段佳话。梓泽：原名金谷园，位于今河南省洛阳市西北。西晋时期的富豪石崇在此修建了一座豪华的园林，作为宴请宾客的场所。金谷园以其奢华和文艺活动而闻名，其中包括了著名的

《金谷诗序》和“金谷园二十四友”等文化成就。“兰亭已矣”意味着兰亭盛宴早已成为过去，象征着时间的流逝和盛会的终结。“梓泽丘墟”则描绘了金谷园从繁华到荒废的过程，反映了世事无常和兴衰更替的主题。

33. 请洒潘江，各倾陆海云尔。

“潘江”乃潘岳，“陆海”指陆机。此句出自南北朝时期河南长葛人钟嵘的《诗品》：“余常言：陆才如海，潘才如江。”这句是说，请各位充分发挥自己的才华，精巧构思，写出像潘岳、陆机那样的好作品。

图书在版编目（CIP）数据

王勃画传 / 朱虹，曹雯芹著 . -- 南昌 : 江西美术出版社，2025. 6. --（中国历史文化名人画传系列）.

ISBN 978-7-5802-0273-4

Ⅰ . K825.65-64

中国国家版本馆 CIP 数据核字第 2025YX9885 号

出 品 人　刘　芳
出版统筹　黄　震
项目统筹　方　姝
责任编辑　姚屹雯　李安琪　熊晶晶
责任校对　刘雯烨
责任印制　谭　勋
书籍设计　韩　超　张　竹　先鋒設計 PIONEER DESIGN
封面插图　谭崇正

王勃画传 WANG BO HUAZHUAN
中国历史文化名人画传系列 ZHONGGUO LISHI WENHUA MINGREN HUAZHUAN XILIE
朱　虹　曹雯芹 / 著

出　版：江西美术出版社
地　址：南昌市子安路 66 号
邮　编：330025
电　话：0791-86566309
网　址：www.jxfinearts.com
经　销：全国新华书店
印　刷：湖北金港彩印有限公司
版　次：2025 年 6 月第 1 版
印　次：2025 年 6 月第 1 次印刷
开　本：710mm×1000mm　1/16
印　张：12
字　数：82 千字
ISBN 978-7-5802-0273-4
定　价：48.00 元